नारी

अपने रिश्तों का निर्वाह कैसे करे

वर्तमान समय में तमाम तरह के रिश्तों को बड़ी ख़ूबी के साथ निभाना सिखाने वाली आज की नारी के लिए उपयोगी पुस्तक।

- नारी के रिश्तों की दुनिया विवाह के बाद एकदम बदल जाती है, जैसे चमत्कार हो गया हो। कई नए-नए रिश्ते बन जाते हैं। उनसे बेहतर सरोकार रखना पड़ता है।
- और तब विवाह से पूर्व वाले परिवार के साथ रिश्ते भी और अधिक संवेदनशील बन जाते हैं।
- इनके अलावा सहेलियों से, पूर्व प्रेमी या मंगेतर से, घर के बाहर बॉस और सहकर्मियों से तथा अड़ोस-पड़ोस से रिश्ते भी अपना महत्व रखते हैं।
- बस, ज़रूरत है इन रिश्तों में आत्मीयता, घनिष्ठता और निरंतरता बनाए रखने की।
- इसके लिए आपको उदार एवं सामंजस्यपूर्ण व्यवहार करना होता है और आप उसमें सफल हुईं, तो समझिए आप भाग्यशाली हैं।
- यह पुस्तक रिश्तों के प्रति आपकी भूमिका का व्यावहारिक दर्पण है।

महिलोपयोगी श्रेष्ठ पुस्तकें

- 1001 घर-गृहस्थी के काम की बातें — एन.डी. तिवारी
- बनिए स्मार्ट हाउसवाइफ — शीला सलूजा/चुन्नीलाल सलूजा
- बेटी की सच्ची सहेली—माँ — शीला सलूजा/चुन्नीलाल सलूजा
- न्यू लेडीज़ हैल्थ गाइड — आशारानी व्होरा, अरुण सागर 'आनन्द'
- होम ब्यूटी क्लीनिक — परवेश हांडा
- घर बैठे सौंदर्य उपचार — अर्पणा मजूमदार
- न्यू मॉडर्न कुकरी बुक — आशारानी व्होरा

वी एण्ड एस पब्लिशर्स की पुस्तकें

देश-भर के रेलवे, रोडवेज़ तथा अन्य प्रमुख बुक स्टॉलों पर उपलब्ध हैं। अपनी मनपसंद पुस्तकों की मांग किसी भी नजदीकी बुक स्टॉल से करें। यदि न मिलें, तो हमें पत्र लिखें। हम आपको तुरंत भेज देंगे। इन पुस्तकों की निरंतर जानकारी पाने के लिए विस्तृत सूची-पत्र मंगवाएँ या हमारी वेबसाइट देखें!

www.vspublishers.com

नारी

अपने रिश्तों का निर्वाह कैसे करें

चित्रा गर्ग

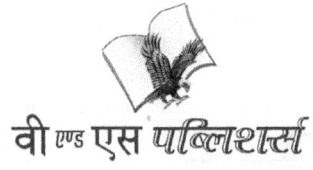

वी एण्ड एस पब्लिशर्स

प्रकाशक

वी एण्ड एस पब्लिशर्स

F-2/16, अंसारी रोड, दरियागंज, नई दिल्ली-110002
☎ 23240026, 23240027 • फैक्स: 011-23240028
E-mail: info@vspublishers.com • *Website:* www.vspublishers.com

क्षेत्रीय कार्यालय : हैदराबाद

5-1-707/1, ब्रिज भवन (सेन्ट्रल बैंक ऑफ इण्डिया लेन के पास)
बैंक स्ट्रीट, कोटी, हैदराबाद-500 095
☎ 040-24737290
E-mail: vspublishershyd@gmail.com

शाखा : मुम्बई

जयवंत इंडस्ट्रिअल इस्टेट, 1st फ्लोर-108, तारदेव रोड
अपोजिट सोबो सेन्ट्रल, मुम्बई - 400 034
☎ 022-23510736
E-mail: vspublishersmum@gmail.com

BUY OUR BOOKS FROM: AMAZON FLIPKART

© **कॉपीराइट:** वी एण्ड एस पब्लिशर्स

ISBN 978-93-814487-2-4

संस्करण 2020

DISCLAIMER

इस पुस्तक में सटीक समय पर जानकारी उपलब्ध कराने का हर संभव प्रयास किया गया है। पुस्तक में संभावित त्रुटियों के लिए लेखक और प्रकाशक किसी भी प्रकार से जिम्मेदार नहीं होंगे। पुस्तक में प्रदान की गयी पाठ्य सामग्रियों की व्यापकता या सम्पूर्णता के लिए लेखक या प्रकाशक किसी प्रकार की वारंटी नहीं देते हैं।

पुस्तक में प्रदान की गयी सभी सामग्रियों को व्यावसायिक मार्गदर्शन के तहत सरल बनाया गया है। किसी भी प्रकार के उद्धरण या अतिरिक्त जानकारी के स्रोत के रूप में किसी संगठन या वेबसाइट के उल्लेखों का लेखक या प्रकाशक समर्थन नहीं करता है। यह भी संभव है कि पुस्तक के प्रकाशन के दौरान उद्धृत बेवसाइट हटा दी गयी हो।

इस पुस्तक में उल्लिखित विशेषज्ञ के राय का उपयोग करने का परिणाम लेखक और प्रकाशक के नियंत्रण से हटकर पाठक की परिस्थितियों और कारकों पर पूरी तरह निर्भर करेगा।

पुस्तक में दिये गये विचारों को आजमाने से पूर्व किसी विशेषज्ञ से सलाह लेना आवश्यक है। पाठक पुस्तक को पढ़ने से उत्पन्न कारकों के लिए पाठक स्वयं पूर्ण रूप से जिम्मेदार समझा जायेगा।

उचित मार्गदर्शन के लिए पुस्तक को माता-पिता एवं अभिभावक की निगरानी में पढ़ने की सलाह दी जाती है। इस पुस्तक के खरीददार स्वयं इसमें दिये गये सामग्रियों और जानकारी के उपयोग के लिए सम्पूर्ण जिम्मेदारी स्वीकार करते हैं।

इस पुस्तक की सम्पूर्ण सामग्री का कॉपीराइट लेखक/प्रकाशक के पास रहेगा। कवर डिजाइन, टेक्स्ट या चित्रों का किसी भी प्रकार का उल्लंघन किसी इकाई द्वारा किसी भी रूप में कानूनी कार्रवाई को आमंत्रित करेगा और इसके परिणामों के लिए जिम्मेदार समझा जायेगा।

स्वकथन

हर व्यक्ति जीवन में किसी-न-किसी रिश्ते से बंधा रहता है। जन्म लेते ही बालक के रिश्तों का ताना-बाना बुना जाने लगता है। वह माता-पिता के साथ बेटे या बेटी के रिश्ते में बंध जाता है।

युवा होते-होते हर व्यक्ति के अनेक महत्वपूर्ण संबंध बनने लगते हैं। स्त्री की दुनिया तो विवाह के पश्चात यूं बदल जाती है, मानो उसका पुनर्जन्म हुआ है। समाज में हर रिश्ते की अत्यंत अहम भूमिका तथा अलग मांग होती है। वही रिश्ते लंबे समय तक कायम रहते हैं, जिनमें समय की कसौटी पर खरा उतर सकने की क्षमता हो।

कोई भी रिश्ता यदि व्यक्ति की भावनाओं और उसके दिल से जुड़ा हो, तो उसका महत्व जीवन में सर्वाधिक होता है। यदि रिश्तों की प्रासंगिकता जीवन के सपनों व उसकी हकीकत से जुड़ी हो, तो उसे सदैव कायम रखना अत्यंत चुनौती पूर्ण कार्य है।

कोई भी संबंध या रिश्ता हो, उसे बनाने में समय लगता है, लेकिन उन संबंधों में निरंतरता बनाए रखना काफी मुश्किल कार्य है। प्रायः अच्छे संबंध भी कठिनाई से बनते हैं, लेकिन उन्हें स्थिर बनाए रखने में बड़ी कठिनाई का सामना करना पड़ता है। रिश्तों में स्नेह बना रहे, इसके लिए अथक प्रयास करने पड़ते हैं।

हर विवाहित स्त्री को जीवन में महत्वपूर्ण रिश्ते निभाने पड़ते हैं। पत्नी के अतिरिक्त उसे मां, बहू, सास, सहेली आदि की महत्वपूर्ण भूमिका में जीवन बिताना होता है। किसी भी संबंध में यदि शिथिलता आ जाए, तो पुनः उन्हें मजबूत करना कठिन है। बेहतर यही है कि संबंधों में मजबूती व निरंतरता

बनाए रखी जाए। वास्तविकता तो यह है कि किसी भी रिश्ते में जुड़ने से अधिक चुनौतीपूर्ण है, उसे निभाना।

मैंने इस पुस्तक में इन्हीं रिश्तों को आधार बनाकर कुछ कहने का प्रयास किया है। मेरा विश्वास है कि इसमें दिए गए सुझाव व टिप्स अमल में लाकर स्त्री के जीवन में निखार आ सकता है। वह सही ढंग से खुशहाल पारिवारिक जीवन बिता सकती है। यदि उसके जीवन में जीवन साथी या अन्य रिश्तों को लेकर भ्रम है या कोई कटुता आ गई है, तो स्त्री इसमें दिए गए तौर-तरीकों को अपना कर प्यार की खोई हुई रौनक वापस ला सकती है। आधुनिक सामाजिक संदर्भ को ध्यान में रख कर लिखे गए ये सभी अध्याय अत्यंत महत्वपूर्ण हैं। ये जीवन के रिश्तों के बिखरे मोतियों को एक सूत्र में बांध सकते हैं और इस तरह परिवारों में स्थिरता तथा निरंतरता बनी रह सकती है।

बी-150, ईस्ट ऑफ कैलाश, नई दिल्ली-110065 — **चित्रा गर्ग**

अंदर के पृष्ठों में

पति-पत्नी के रिश्ते

जीवन-सफर को सुहाना बनाएं	9
पति-पत्नी के बीच एक प्याली चाय का मज़ा	18
पति को दीवाना बनाए रखें	20
पत्नी को श्रेय देना कितना महत्वपूर्ण	25
जरूरी है पत्नी को समय देना	28
बेइज्जती न कीजिए अपनी पत्नी की	31
पति-पत्नी के बीच बेहूदा मज़ाक ठीक नहीं	35
जब कोई बात बिगड़ जाए	38
स्त्री ही दोषी क्यों	40
पति के मन में शक की दीवार न उठने दें	44
पति की सेक्रेटरी पत्नी के शक की धुरी	50
क्या करें विवाह पूर्व के प्रेमी से मिलने पर	56
विवाहेतर संबंधों में सुख की तलाश कितनी उचित	62

देवर-भाभी के रिश्ते कितने नाजुक

देवर-भाभी की छेड़छाड़ मर्यादा न लांघे	72

ननद-भाभी के रिश्ते

ननद-भाभी में आपसी सहयोग कितना जरूरी	76

देवर-जेठ से रिश्ते

पति के भाइयों से अनबन और पत्नी का दायित्व	84

सास-बहू के रिश्ते

सासु मां : पति के दिल तक पहुंचने का रास्ता	 88
मधुर बोलें, सम्मान पाएं	 91
रिश्तों की मज़बूत नींव—आत्मीयता	 95
अच्छी सास वही, जो बहू को सिखाए सही	 100
सास का दिल क्यों नहीं जीत पाती है बहू	 105
जब कोई मंथरा चरित्र मिल जाए	 109

ससुराल के अन्य रिश्ते

ससुर को पूरी तरह सम्मान दें	 114
बहू ससुराल में सबका मन कैसे जीते	 118
जेठानी-देवरानी के रिश्तों में तकरार	 121
मेहमानों के ऊधमी बच्चे	 126
बेटी के घर में मायके की दखलअंदाज़ी	 130

जीजा-साली के रिश्ते

जीजा के लट्टू होने पर	 136

सहेली से रिश्ते

असहज यौन संबंध बर्बादी का रास्ता	 140
प्रेमी या मंगेतर से रिश्तों में मर्यादा	 146

कामकाजी नववधुओं के रिश्ते

पुरुष सहकर्मियों से रिश्ते	 152
बॉस से रिश्ते	 157

मां-बेटी के रिश्ते

बेटी में आत्मबल जगाएं	 162
बड़ी हो रही बेटी की सहेली बनें	 169
लड़की दिखाना भी एक कला	 177
मां-बेटी में कैसी होड़	 180

मां-बेटे के रिश्ते

बेटे को घरेलू काम भी सिखाएं	 186

पति-पत्नी के रिश्ते

जीवन के सफ़र को सुहाना बनाएं

पत्नियों की अकसर शिकायत रहती है कि पति शाम को घर आने के पश्चात् भी अपने खयालों में खोए रहते हैं अथवा पहले जैसे रोमांटिक नहीं रहे। ऐसे में यदि पत्नियां कोई बात या शिकायत अपने पति से करती हैं, तो वे उसे अनसुनी कर देते हैं। विवाह के कुछ वर्ष पश्चात् ही प्रायः पति-पत्नी के रिश्तों में ऐसी नीरसता आने लगती है। कहीं-कहीं यह नीरसता कटुता का रूप भी धारण कर लेती है। रिश्तों की ये दूरियां अकसर बढ़ती ही जाती हैं। पत्नियां यदि आरंभ से ही कुछ बातों का ध्यान रखें, तो रिश्तों में गर्माहट बनी रह सकती है। रिश्ते बनाना आसान होता है, लेकिन रिश्ते निभाना मुश्किल है और रिश्तों की गर्माहट बनाए रखना और भी मुश्किल है। उससे अधिक सरल कार्य होता है रिश्तों को तोड़ना। रिश्ते टूटने में जरा भी वक्त नहीं लगता, लेकिन यहां हमारा उद्देश्य रिश्तों को जोड़ना है, उसमें मज़बूती और निरंतरता बनाए रखना है। तमाम तरह के रिश्तेदारों के बीच रहते एक लम्बा सफर तय करना होता है। सफर सुखद एवं मंगलमय हो, यही कामना बनाए रखना ज़रूरी है।

हमारे समाज में चाहे कितने ही बदलाव आ जाएं, लोग कितने ही आधुनिक हो जाएं, लेकिन पति-पत्नी के लंबे व सुखी वैवाहिक जीवन का अपना ही महत्त्व है। वास्तविकता भी यही है कि सदैव जीवन साथी बन कर रहने जैसा सुख संसार में कोई दूसरा नहीं। किसी भी स्त्री को अपने पति के साथ अधिक मान-सम्मान और आत्मिक संतुष्टि मिलती है।

जीवन का सच्चा सुख पति-पत्नी के अटूट संबंधों पर निर्भर करता है। घनिष्ठ प्रेम संबंधों का आनंद ही निराला है, जो अपने पति को अपना बनाए रखने में है। यदि आप कुछ खास बातों का ध्यान रखें, तो आपके प्यार में जादू-सा असर होगा और रिश्तों की गर्माहट सदैव महसूस होगी।

पति की आदतों को पहचानें व उनसे एक राय हों

सबसे प्रथम और महत्त्वपूर्ण बात है पति की आदतों को पहचानना। उन्हें क्या पसंद है, क्या नापसंद है, इस बात का पत्नी को सदैव खयाल रखना चाहिए। यदि पति-पत्नी की किसी बात पर एक राय न हो, तो बहस नहीं करना चाहिए। यदि पति किसी ऐसी बात पर अपनी जिद पूरी करना चाहता है, जिसके कोई तात्कालिक या दूरगामी परिणाम आपके सामाजिक सम्मान और बच्चों के भविष्य पर गलत प्रभाव नहीं डाल रहे हों, तो बहस या जिद करने का कोई लाभ नहीं।

पत्नी को यह बात सदैव ध्यान रखना चाहिए कि सुखी पत्नी वही होती है, जो पति की राय-से-राय मिलाकर चलती है। उनका परिवार सुखी परिवार कहलाता है, क्योंकि बच्चे भी उसी प्रकार की भावनाओं को अपनाते हैं। प्राकृतिक रूप से सभी पुरुषों का भावावेश तीव्र होता है और उसकी अभिव्यक्ति की इच्छा भी। इसका मूल कारण प्रायः सभी पुरुषों में अहम (इगो) की भावना का प्रधान होना है। इसी कारण वे अपनी बात सदैव ऊपर रखना चाहते हैं। ऐसे में यह समझना कि महिलाओं की कोई इज्जत नहीं, कोई इच्छा या मरजी नहीं होती, सर्वथा गलत है। क्योंकि पुरुषों में भावावेश जितना तीव्र होता है, उतना ही जल्द

शांत भी हो जाता है। आपने स्वयं देखा होगा कि यदि स्त्री अपने पति की इच्छानुसार कार्य करती है, तो पति अपनी पत्नी का बहुत खयाल रखते हैं और कुछ पुरुष तो पत्नियों के इतने कायल हो जाते हैं कि पत्नी की हर इच्छा का सम्मान करके पूरा करने का प्रयास करते हैं। महत्त्वपूर्ण बात यह है कि दूसरे की इच्छा पूर्ति की पहल पहले स्त्री को ही करनी पड़ती है। वह पति को खुश रखकर अपनी हर बात मनवा सकती है।

अच्छी पत्नी अच्छी श्रोता

किसी भी पत्नी के लिए यह अत्यंत महत्त्वपूर्ण है कि वह एक अच्छी श्रोता बने, अर्थात् पति की बातों में टोका-टाकी किए बिना पति की बात को ध्यान से सुने। यदि पत्नी को कोई बात गलत लगे या अपनी बात कहनी हो, तो पति की बात पूरी होने पर कहने का प्रयास करे। अधिकांश पति यही चाहते हैं कि पत्नी उनकी बात को इतनी अहमियत दे कि वे जैसा कहें, पत्नी वैसा ही माने। ऐसे में इसका यह तात्पर्य नहीं है कि पत्नी, पति की बातें सुनते समय बिलकुल ज़बान सिल ले और चुपचाप ही बैठी रहे। कहने का तात्पर्य है कि पत्नी को अपने तर्कों द्वारा पति पर हावी होने का प्रयास नहीं करना चाहिए। पति की बात को धैर्य पूर्वक सुनने का प्रयास करना चाहिए, उस बातचीत की प्रक्रिया में पत्नी को पूरी तरह शामिल रहना चाहिए, लेकिन बहुत अधिक बोलकर पति का मूड खराब नहीं करना चाहिए। पति को अधिक बोलने का मौका देकर स्वयं उसकी बात सुनने का प्रयास करना चाहिए, जिससे उसके भावावेश की अभिव्यक्ति शांत हो सके। ऐसे पतियों के हृदय में भावावेश के शांत होते ही जो दूसरा भाव उमड़ता है, वह निश्चित ही तीव्र प्रेम होता है।

लेकिन यदि पति अधिक बोलना पसंद करता है, तो उसके साथ विभिन्न विषयों पर चर्चा करना पत्नी के लिए अच्छा रहता है। विभिन्न सामयिक, सामाजिक, राजनीतिक, फिल्मी, टीवी विषयों पर चर्चा की जा सकती है। इसके लिए पत्नी को विभिन्न विषयों की जानकारी होनी आवश्यक है। यदि पत्नी पढ़ी-लिखी है, तो पत्र-पत्रिकाओं, टीवी व समाचार पत्रों के माध्यम से सभी आधुनिक विषयों की जानकारी आसानी से रखी जा सकती है। किन्तु यदि आप इतनी जानकारी नहीं रखतीं, तो वैचारिक समर्थन करके पति के मन को शांत कर सकती हैं। यदि पति कभी चिंतित या परेशान हो, तो उसके मन बहलाव के लिए किसी ऐसे विषय पर बात करने का प्रयास करना चाहिए, जिससे उसका ध्यान उस चिंता या समस्या से परे हट जाए।

बहस से बचें

यदि पति और पत्नी में कभी बहस की स्थिति आ जाए और बात बिगड़ने लगे, तो तुरंत बहस रोकने का इंतजाम करना चाहिए। पत्नी इसके लिए गैस पर दूध या सब्जी का बहाना बना कर हट सकती है। फ्रिज से कुछ लाने या पानी पीने जा सकती है, कुछ काम याद आने का बहाना बनाकर बात समाप्त कर सकती है। कुछ देर आप सामने से हटेंगी, तो शांति होगी और विस्फोटक स्थिति आने से बच जाएगी। बहस होती रही, तो झगड़े की नौबत आ सकती है। जहां तक हो पत्नी को ध्यान रखना चाहिए कि वह अपशब्दों का प्रयोग न करे। ऐसे शब्दों का प्रयोग पति को बुरी भाषा बोलने के लिए प्रेरित करेगा। कोई भी पति अपनी बात ऊपर रखना पसंद करता है। यदि कभी बहस या झगड़ा हो भी जाए, तो रात को सोने के पहले सुलह-सफाई अवश्य कर लेनी चाहिए, वरना रात-भर में तनाव और बढ़ जाएगा। फिर तनाव की स्थिति कई दिन तक चलती रहेगी। यदि किसी पार्टी में आपका पति आपसे अपशब्द बोलता है, तो वहीं बहस न करने लगें, कारण जानने का प्रयास करें, घर आकर शांति से बात करें।

पति की भावनाओं को समझें

पति की भावनाओं को सदैव समझने का प्रयास करना चाहिए, आपको अपने विभिन्न व्यक्तिगत व पारिवारिक विषयों पर चर्चा करके पति की राय जानते रहना चाहिए। इसके अतिरिक्त दैनिक दिनचर्या की महत्त्वपूर्ण बातों की जानकारी पति को अवश्य देनी चाहिए। इस प्रकार की चर्चा करते रहने से पत्नी को पति की इच्छा व सोच की सही जानकारी रह सकेगी और एक दूसरे का विश्वास तथा आत्मीयता मजबूत होगी।

धैर्य रखें व मनमुटाव से बचें

यदि किसी बात पर आपकी व आपके पति की अनबन हो जाए या पति को किसी छोटी-बड़ी बात पर क्रोध आ जाए, तो पत्नी को उस समय अत्यंत धैर्य के साथ शांत रहना चाहिए। यदि पति के क्रोध की अवस्था में पत्नी बहस करती है, तो बात बढ़ जाती है और झगड़े व कलह की नौबत आ जाती है। पत्नी को चाहिए कि शांत रहकर वातावरण को शांत बनाने का प्रयास करे। पति के क्रोध शांत होने के पश्चात् कुछ देर बाद ही सामान्य बातचीत शुरू कर दे, जैसे कि कुछ हुआ ही न हो। 50 प्रतिशत मामलों में ऐसा होता है कि पत्नी की गलती न हो, लेकिन

यदि ऐसी स्थिति हो और पति को क्रोध आ जाए, तो उस समय घर में शांति रखने के लिए पत्नी का चुप रहना ही अच्छा है। जब बाद में पति का मूड अच्छा या सामान्य हो, तब पति के सामने अपनी स्थिति स्पष्ट कर देनी चाहिए। ऐसे में कुछ पति अपनी पत्नी से जबरदस्ती यह कहलाने का प्रयास करते हैं कि गलती उसकी (पत्नी की) ही है। शांति बनाए रखने के लिए कभी-कभी यह स्वीकार कर लेना या चुप रहना ही श्रेयस्कर है कि हां मेरी ही गलती थी, बेशक गलती न हो। लड़ाई-झगड़े की स्थिति को भूलने का प्रयास करना ही श्रेष्ठ है। पति की कही बातों या मनमुटाव को मन में रखने से पत्नी के मन में भी क्रोध पैदा होता रहता है और कहीं-न-कहीं वह भावनाओं के रूप में फूट पड़ता है। पति से अच्छे संबंध बनाए रखने के लिए पति की गलतियों या गलत बातों को भूलना पत्नी के लिए सुखमय जीवन की शुरुआत हो सकती है। ध्यान रखें कि आपका एक-दो बार का ऐसा व्यवहार आपके पति को स्वयं उनकी गलती का अहसास करा देगा और फिर वे आपकी शांति को आपकी गलती मानने की भूल नहीं करेंगे।

पति की मां यानी सास का ध्यान रखें

पति का प्यार आपके प्रति सदैव बना रहे, इसके लिए पति का ध्यान रखने के अतिरिक्त पत्नी को उनकी मां का भी खूब ध्यान रखना चाहिए। पति का प्यार आपका अत्यंत व्यक्तिगत मामला है और उनकी मां से उनका अति नजदीकी व व्यक्तिगत रिश्ता है। इसलिए यदि पत्नी, पति की मां को खूब प्यार करती है, उनका मान-सम्मान करती है, तो पति की नजरों में पत्नी की इज्जत बढ़ जाती है। हर व्यक्ति अपनी मां को बेहद प्यार करता है। प्रायः पुरुष अपने इस प्यार को दर्शाना नहीं चाहते, परंतु मन के भीतर वे भी अपनी मां को उतना ही प्यार करते हैं, जितना एक स्त्री अपनी मां से करती है। अतः यदि पत्नी अपने पति का प्यार पाना चाहती है, तो उसे पति के साथ-साथ उसकी मां से भी प्यार करना चाहिए।

सास-बहू के रिश्तों में कड़ुवाहट का मुख्य कारण नारी मन की प्रेम पर एकाधिकार की भावना ही होती है। मां भी अंततः नारी ही है। वह चाहती है कि वह अपने पुत्र से जो प्रेम करती और पाती रही है, वह आगे भी मिलता रहे। शादी के बाद पति का ध्यान पत्नी की ओर झुक जाने के कारण इस भावना की पूर्ति में बाधा पड़ती है, और विरोध हो जाता है। आप यदि सास को प्रेम और सम्मान देती हैं, तो उनके मन में अपना प्यार छिनने की कुंठा नहीं पैदा होगी और वे आपसे सदैव

अच्छा व्यवहार करेंगी। अतः सास की भावनाओं को समझें। उन्हें पूरा सम्मान दें। परिवार में पति के छोटे भाई-बहनों से बड़प्पन का व्यवहार आपके प्रति पति का प्यार बढ़ा देगा। अतः बड़ों का सम्मान व छोटों को प्यार की कला सीखनी चाहिए।

सज-संवर कर आकर्षक बनी रहें

पति को सदैव अपना बनाए रखने के लिए सदैव आकर्षक बने रहने का प्रयास करें। अपने स्वास्थ्य व व्यक्तित्व का ध्यान रखते हुए पत्नी को चाहिए कि वह सदैव चुस्त व आकर्षक दिखाई दे। कभी पति परेशान व चिंताग्रस्त हो, तो पत्नी अपने व्यवहार; मधुर मुस्कान व आंखों के हाव-भाव से वातावरण का रुख बदलकर उसे हलका-फुलका बना सकती है। पति-पत्नी के संबंधों में पत्नी का आकर्षक व्यवहार व व्यक्तित्व अत्यंत महत्त्वपूर्ण भूमिका निभाता है। पुरुष स्वाभाविक रूप से पत्नी की ओर खिंचाव महसूस करके अपनी चिंता को भूल जाता है। यदि पति-पत्नी आधुनिक हों, तो पत्नी आधुनिक वस्त्र पहन कर पति को आकृष्ट कर सकती है। इस प्रकार पति, पत्नी से अधिक जुड़ाव महसूस करता है। उसे यह अहसास होता है कि पत्नी उसकी परेशानियों व चिंताओं को महसूस करती है, अतः वह पत्नी से प्रभावित होता रहता है।

पति को रोमांटिक बनने का मौका दें

कभी-कभी पति के साथ कैंडल लाइट डिनर पर जाने से पति का मूड बदल जाता है। उसने अरसे से आपके चेहरे को निहार कर आपकी आंखों में नहीं देखा होता है। ऐसा मौका आने पर पति रोमांटिक हो जाता है और आपके प्रति आकर्षित रहने लगता है। बदलाव के लिए रेस्टोरेंट या होटल के स्थान पर चांदनी में खुले स्थान पर सैर की जा सकती है।

पति की सलाहकार बनें

यदि पति किसी बात पर परेशान हो अथवा किसी स्थिति में कोई निर्णय न ले पा रहा हो, तो पत्नी को चाहिए कि यथा संभव अपनी सलाह देने का प्रयास करे। ऐसे में पत्नी को बहुत ही संतुलित व्यवहार अपनाना चाहिए, ताकि पति को ऐसा महसूस न हो कि पत्नी जरूरत से ज्यादा टांग अड़ा रही है। अतः पत्नी को पति के रुख के अनुसार पति के निर्णय में भागीदार बनने का प्रयास करना तो चाहिए, लेकिन इस बात का विशेष ध्यान रखना चाहिए कि जिस विषय पर निर्णय

लिया जा रहा है, वह यदि पत्नी या घर से संबंधित नहीं है और पति पत्नी से इस बारे में सलाह नहीं करना चाहता, तो वह उस विषय में अपनी अधिक रुचि न दिखाए।

पत्नी को चाहिए कि वह अपनी योग्यता, व्यवहार व क्रियाकलाप द्वारा अपने पति को इतना प्रभावित कर ले कि पति स्वयं ही अपनी गतिविधियों व क्रियाकलापों की जानकारी पत्नी को देता रहे। उससे विचार-विमर्श करने को उत्सुक रहे। उसे लगे कि पत्नी की योग्यता उसके निर्णय लेने में सहायक है या फिर पत्नी का रूप और स्वभाव उसे चिंता से मुक्त करने में सहायक है, तो ऐसी स्थिति में पति का अन्य स्त्रियों या मित्रों की अपेक्षा पत्नी को महत्त्व देना स्वाभाविक ही होगा।

पति की आंखों में आंखें डाल कर बातें करें

यदि आप अपने पति के साथ घूमने जाती हैं, किसी पार्टी में जाती हैं, बाजार जाती हैं अथवा किसी बैंक या कार्यालय में जाती हैं, तो ध्यान रखिए कि कभी-कभी पति की आंखों में आंखें डालकर बातें करें। इससे दोनों के बीच संबंध प्रगाढ़ होते हैं और एक दूसरे के प्रति खिंचाव व आकर्षण बना रहता है। यूं भी पति के साथ संबंधों में प्रगाढ़ता बनाए रखने के लिए कभी-कभी पारस्परिक संबंधों व सेक्स पर घर में फुरसत में बातचीत करनी चाहिए।

पति ही आपका सच्चा मित्र

पति-पत्नी के संबंधों में निरंतरता बनाए रखने के लिए उनमें मित्रता के भाव जगाने चाहिए। विवाह के पूर्व लड़कों व लड़कियों के अपने मित्र व सहेलियां होती हैं। हर व्यक्ति के कुछ मित्र ऐसे होते हैं, जिन्हें वह अपने बेस्ट फ्रेंड का दर्जा देता है। बेस्ट फ्रेंड से व्यक्ति अपने दिल की हर बात कह सकता है। अपनी चिंता, परेशानी, खुशी, गम, ग्लानि अथवा व्यथा के भाव व्यक्ति अपने बेस्ट फ्रेंड से ही बांट सकता है। प्रायः विवाह के पश्चात् कुछ लोगों के बेस्ट फ्रेंड बदल जाते हैं तथा कुछ के वही रहते हैं। पत्नी को चाहिए कि पति को ही अपना बेस्ट फ्रेंड समझे।

पति के साथ मित्रता का भाव होने से पत्नी पति के साथ अपने विचारों का आदान-प्रदान व अपेक्षाओं का विवरण आसानी से कर सकती है। ऐसे में पति पत्नी में विश्वास की भावना बढ़ती है। यदि उनमें मित्रता का भाव बना रहता है, तो अपनेपन का भाव बढ़ता जाता है।

कुछ स्त्रियां अपने मन में यह धारणा पाले रखती हैं कि विवाह समाज में जुड़ी परंपराओं व आवश्यकताओं का नाम है। वे इसे मित्रता से नहीं जोड़ पातीं। ऐसे में स्त्रियां पति के अतिरिक्त किसी अन्य स्त्री या पुरुष में अपना दोस्त तलाशती हैं। प्रायः यह भ्रामक धारणा लोगों के मन में रहती है कि पति-पत्नी में मित्रता नहीं होती। अतः पारिवारिक विषयों के अतिरिक्त अन्य विषयों पर सलाह मशविरा वे अपने मित्रों से ही कर सकते हैं।

वास्तव में पति-पत्नी के बीच दोस्ताना संबंध उनमें साहचर्य को बढ़ाते हैं। उनके रिश्तों में निरंतरता बनी रहती है। यदि उनमें आपसी मित्रता की भावना न हो, तो रिश्तों की चाहत लंबे समय तक नहीं रह पाती। मित्रता की भावना होने से आप अपने पति की कमजोरियां जानते हुए भी उनसे बेहद प्यार करेंगी जैसे एक मित्र से करती हैं। पति-पत्नी की मित्रता दांपत्य को समृद्ध बनाती है और उनमें प्यार की अभिव्यक्ति बढ़ती ही जाती है। सामान्यतया यही देखा जाता है कि पति को बेस्ट फ्रेंड मान लेने से पति-पत्नी का वैवाहिक जीवन काफी सफल होता है।

गलतियों को नज़रअंदाज़ करें

पति की छोटी-मोटी गलतियों को नज़रअंदाज़ करने की आदत डालनी चाहिए। पत्नी को यह समझना चाहिए कि हर इनसान से गलतियां होती हैं। हर व्यक्ति में कुछ अच्छाइयां होती हैं और कुछ बुराइयां। अपने पति की अच्छी बातों की ओर ध्यान देना चाहिए। उनकी गलतियां ढूंढ़कर झगड़ा करने से परिवार में तनाव बढ़ता है। यदि पत्नी पति की गलतियों पर माथा-पच्ची नहीं करेगी, तो जल्दी ही भूल जाएगी। किंतु यदि इन पर माथा-पच्ची करती रही, तो उसे क्रोध आएगा। क्रोध की यह स्थिति प्रेम को तो समाप्त कर ही देगी, आपसी मन-मुटाव का भी कारण बन जाएगी। अतः छोटी-मोटी गलतियों को भूलकर पत्नी को पति की भावनाओं का ख्याल रखना चाहिए। उसे प्यार और सम्मान देना चाहिए। ध्यान रखें कि आत्मीयता पूर्ण व्यवहार, मुस्कराकर बस करने की कला आपके दांपत्य जीवन को स्वर्ग बना देगी।

इस प्रकार की अनेक छोटी-छोटी बातों को ध्यान में रखकर पत्नी सदैव पति का दिल जीत सकती है और पति के आकर्षण का केंद्र बनी रह सकती है।

पति-पत्नी के बीच एक प्याली चाय का मज़ा

आशीष अपने ऑफिस से थका-हारा लौटा, तो घर में घुसते ही उसने अपनी पत्नी को आवाज दी, 'नेहा आओ जरा चाय हो जाए।' नेहा आई और बोली ठीक है, मैं आपको चाय पिलाए देती हूं, आपको पता है कि मैं चाय तो पीती नहीं। आशीष बुझा-बुझा सा बोला, 'रहने दो क्या मजा आएगा अकेले चाय पीने में। मैं बहुत थका हुआ था।'

जिंदगी में ऐसा अकसर होता है कि पति-पत्नी के साथ कुछ पल बिताना चाहता है और उसके लिए बहाने खोजता है। पत्नी यदि पति की भावनाओं को समझती है, तो कभी-कभी इच्छा न होते हुए भी उसका साथ देती है।

दरअसल प्रातः की चाय हो या शाम की चाय, चाय की चुस्कियां लेते हुए पति को पत्नी का और पत्नी को पति का साथ खूब भाता है। इस बहाने पति-पत्नी दोनों ही एक दूसरे से साथ बैठ कर कुछ आराम के क्षण बिताते हैं।

इस भागदौड़-भरी जिंदगी में किसी के भी पास वक्त नहीं है। चाहे पुरुष हो या स्त्री हर किसी के पास कार्यों का ऐसा अंबार लगा रहता है कि जिंदगी में हरदम व्यस्तता बनी ही रहती है। ऐसे में चाय का एक प्याला चुस्ती और आराम के पल प्रदान करता है।

कनु को ही लें। वह एक बड़े दफ्तर में सीनियर ऑफीसर के पद पर कार्यरत है। पति के साथ-साथ वह भी सुबह ही घर से निकल जाती है और फिर शाम को थकी हारी घर वापस लौटती है। लेकिन सुबह-सुबह उसकी चुस्ती और जोश देखने लायक होता है। वह सुबह ट्रे में चाय लेकर चहकती हुई अपने पति को जगाने पहुंचती है, तो पति झट से चुस्त होकर उसे अपनी बाहों में भर लेता है। फिर पति-पत्नी साथ बैठकर चाय पीते हैं और गपशप करते हैं। पूरे दिन में उन दोनों को इतने फुर्शत के क्षण नहीं मिलते, जितने कि सुबह की चाय के वक्त

बिताया आधा घंटा। यह साथ बिताए क्षण दोनों में ही ताजगी और उमंग पैदा कर देते हैं।

इसी प्रकार छुट्टी का दिन हो या रिमझिम फुहारों का मौसम, पति-पत्नी का साथ बैठकर चाय पीने का अपना ही मजा है। दरअसल आज के युग में चाय मात्र एक चाय का प्याला ही नहीं, कुछ क्षण आराम से बैठने का भी नाम है।

अतः पत्नी को चाहे चाय का शौक हो या ना हो, यदि पति को चाय का शौक है, तो पत्नी को चाहिए कि वह पति के इस शौक में थोड़ा बहुत जरूर साथ दे। अधिक चाय पीने वाले पति की पत्नी को तो यह सोचकर खुश होना चाहिए कि उसका पति गलत चीजें पीने का आदी नहीं है। चाय ही पीता है। चाय पीने में कोई बुराई नहीं। पति यदि चाय के वक्त पत्नी का साथ चाहता है, तो अवश्य उसका साथ दें।

यदि ऐसा ही होता है, तो पति का जब भी पत्नी के साथ कुछ क्षण मस्ती के बिताने का मन होगा, तो वह झट से कहेगा, 'डियर जरा हो जाए एक प्याली चाय।'

पति को दीवाना बनाए रखें

जब किसी लड़के व लड़की का विवाह होता है और वे पति-पत्नी बनकर दांपत्य में प्रवेश करते हैं, तो उनमें एक दूसरे के लिए गजब का आकर्षण होता है। वे एक दूसरे का बहुत ध्यान रखते हैं। नव दंपती यदि बड़े परिवार के साथ रहते हैं, तो एक दूसरे को अकेला पाने का मौका ढूंढ़ते हैं। यह आकर्षण कुछ समय तक चरम अवस्था में रहता है। कुछ दंपतियों में यह आकर्षण वर्षों तक बना रहता है, जबकि कुछ दंपतियों के बीच यह दीवानगी साल-छह महीने में ही कम होने लगती है और फिर बच्चा होने तक समाप्त हो जाती है। परिणाम स्वरूप उसके पश्चात् की जिंदगी एक ढर्रेदार पति-पत्नी की होकर रह जाती है। जिसमें पति-पत्नी होने की जिम्मेदारियों का अहसास तो होता है, परंतु प्रेम और आकर्षण जैसे शब्द कहीं दूर चले गए होते हैं।

ऐसे में जिंदगी की गाड़ी, मात्र अपनी जिम्मेदारी पूरी करते हुए खिंचने लगती है और एक दूसरे के साथ बैठकर हंसने-बोलने का वक्त न तो पति के पास होता है और न ही पत्नी के पास। पति दफ्तर या व्यापार के कार्यों से थक कर घर लौटता है और पत्नी घर-गृहस्थी के कार्य करते व बच्चों की देखभाल करते समय बिता देती है।

यदि महिला अपने पति की दिनचर्या व अन्य बातों का खयाल रखे और अपने अतिरिक्त अपने पति के लिए भी समय निकालकर रखे, तो वह अपने पति को वर्षों तक दीवाना बनाए रख सकती है। इस दीवानगी में पहले जैसा प्यार और आकर्षण बना रहता है। महिला को पति के आकर्षण का केंद्र बने रहने के लिए कुछ विशेष बातों का ध्यान रखना चाहिए–

❑ पति जब घर आए, तो आपको चाहिए कि आप उत्साहित व चुस्त नजर आएं। निढाल व थके से चेहरों पर रौनक नहीं लगती। दिन के कार्यों को

करने के बीच कुछ क्षण आराम के भी बिताएं, ताकि पति के आने पर आप तरोताजा नजर आएं।

❑ पति के आने के वक्त अपने वस्त्रों का खास ख्याल रखें। यदि दिन के कार्य करते वक्त आपके कपड़ों पर हलदी या अन्य किसी वस्तु का दाग लग गया है, तो वस्त्रों को बदल लें। वस्त्रों के अतिरिक्त स्वयं भी सजी-संवरी रहें। विवाह के पूर्व तथा विवाह के तुरंत बाद प्रायः महिलाएं खूब सजती-संवरती हैं, जिससे लोग उनके प्रति आकर्षित हों व उनकी प्रशंसा करें। परंतु विवाह के पश्चात् प्रायः महिलाएं यह सोचकर कि अब विवाह तो हो ही गया है, वे सजना-संवरना छोड़ देती हैं, केवल उत्सव व विशेष अवसरों पर ही बनाव-शृंगार करती हैं, जिससे उनके पति की दीवानगी उनके प्रति कम होने लगती है। यदि आप गौर करें, तो पाएंगी कि विवाह के पश्चात् यदि पुरुष किसी अन्य लड़की के प्रेम जाल में फंस जाते हैं, तो वह लड़की अवश्य ही सज-संवर कर रहने वाली व कातिल अदाओं से दीवाना बनाने वाली होगी। यदि आप चाहती हैं कि आपका पति दूसरी स्त्रियों की ओर गलत निगाह से देखे

तक नहीं, तो अपना रूप-शृंगार व अदाएं बनाए रखिए, फिर देखिए पति का दीवानापन।

❏ पति के आते ही शिकायतों व परेशानियों का पिटारा खोलकर मत बैठ जाइए। उनके आते ही उनकी पसंद की चीज चाय, काफी या ठंडा प्रस्तुत करें। उनके साथ बैठकर हंसकर बातें करें।

❏ अपने वस्त्रों में नवीनता लाकर भी पति को आकर्षित कर सकती हैं, जैसे यदि आप रोज साड़ी पहनती हैं, तो कभी-कभार सूट अथवा अन्य बदली हुई ड्रेस पहनें। यदि सूट पहनती हैं, तो साड़ी पहनी जा सकती है। यदि संभव हो, तो जींस या स्कर्ट भी पहनी जा सकती है।

❏ यदि आप संयुक्त परिवार में रहती हैं, तो कभी-कभी आंखों की भाषा में पति से बातें करें, यानी चोरी-चोरी चुपके-चुपके प्यार की व इशारे की भाषा में बात करें।

❏ यदि हो सके तो अपना हेयर स्टाइल भी कभी-कभार बदल कर बनाएं, इससे चेहरे में एकरूपता-सी नहीं रहती।

❏ पति को जिन बातों या चीजों का शौक हो, उनका विशेष ख्याल रखें। भोजन में उन्हें जिस व्यंजन का शौक हो, वह उन्हें उनकी इच्छानुसार बार-बार खिलाएं।

❏ अन्य चीजें जैसे उन्हें आपकी लंबी बिंदी या गोल बिंदी या चूड़ियां आदि जिस प्रकार की अच्छी लगती हैं, वह पहनने का प्रयास करें।

❏ उनकी पसंद का परफ्यूम लगाकर उनके साथ घूमने जाएं।

❏ कभी-कभार मौका पाकर उनसे लिपट जाएं या उन्हें चूम लें।

❏ अपना वजन संतुलित रखें। अधिक मोटापा बढ़ जाने पर आपका आकर्षण कम हो सकता है। यदि किसी कारणवश आप मोटी हो गई हैं, तो उसके अनुसार वस्त्रों का चयन करें।

❏ पति द्वारा बताए गए कार्यों का विशेष ध्यान रखें। उन्हें समय से कर के रखें।

❏ यदि उन्हें सफाई से अधिक लगाव है, तो प्रयास करें कि घर खूब साफ-सुथरा रहे।

❏ यदि मायके जा रही हैं, तो जाने के पूर्व उनके पसंद की मिठाई या भोजन खिलाकर जाएं। लड्डू या अन्य मिठाई उन्हें पसंद हों, तो बनाकर रख जाएं। जाने से पूर्व उनके साथ अधिक-से-अधिक समय बिताएं।

- अधिक दिनों के लिए मायके जाने पर फोन पर पति से बात करती रहें। उनकी सेहत आदि की जानकारी लेती रहें। संभव हो, तो बीच में पति को मिलने के लिए बुलाएं।
- रात्रि में पहना गया पारदर्शी गाउन पति को अधिक आकृष्ट करता है, अतः उनका आकर्षण आपके प्रति बना रह सकता है।
- पति की इच्छा पूर्ति में बाधा न आने दें। उनकी इच्छा का सदैव सम्मान करें और उसे पूरा करें। इस मामले में नखरे, ठंडापन या अनिच्छा आपके पति को आप से दूर कर सकती है।
- पति की समस्याओं में भागीदारी करें। उनकी चिंताओं व परेशानियों में यदि आप मदद कर सकती हैं, तो खुले दिल से सहयोग दें, चाहे उनके कार्य, दफ्तर या परिवार से संबंधित समस्या हो, उसे हर संभव सुलझाने का प्रयास करें।
- पति का इतना ध्यान रखें कि वह अन्य स्त्रियों की ओर आकर्षित ही न हो। उसकी दिनचर्या की जानकारी अवश्य रखें, परंतु उन पर बेवजह शक न करें। पति के दफ्तर में कार्य करने वाली सेक्रेटरी महिला सहयोगी व अन्य महिला कर्मचारियों पर शक न करें।
- कभी-कभी पति को 'सरप्राइज गिफ्ट' लाकर दें। अचानक या ऐसा तोहफा पाकर आपका पति जरूर आपकी भावनाओं की कद्र करेगा और आपका ध्यान रखने का प्रयास करेगा।
- शाम को पति के घर आने के पश्चात् घर के कार्यों या बच्चों में ही न उलझी रहें। कुछ देर पति के पास बैठें। कुछ उनकी सुनें, कुछ अपनी कहें। इससे आपसी तालमेल अच्छा बना रहता है। घरेलू कार्य जैसे भोजन बनाना आदि की तैयारी उनके आने के पूर्व ही कर लें, तो उनके पास बैठने का आपके पास अधिक समय बच सकेगा।
- पति की तबीयत खराब होने पर उनका पूरा ख्याल रखें। उनको आराम की आवश्यकता हो या उनके उत्साह में कमी लगने लगे, तो समय निकालकर एक दो दिन के लिए पति के साथ बाहर घूमने का प्रोग्राम बनाएं।
- कभी-कभी अपने लिपस्टिक लगे होठों से उन्हें चूम लें। यह चुम्बन उन्हें विवाह के बाद के दिनों की याद दिलाएगा।
- सभी पुरुषों का स्वभाव एक-सा नहीं होता। अतः अपने पति की इच्छा अनिच्छा, रुचि-अरुचि का सदैव ख्याल रखें।

- खाली समय में कभी मौका हो, तो पति के सिर में उंगलियां फिराएं, जो उन्हें आराम तो देगा ही, आपकी ओर आकर्षित भी करेगा।
- पति की जिम्मेदारियों में भी सहभागी बनने का प्रयास करें। घर में होने वाली छोटी-मोटी रिपेयर, बच्चों की शापिंग, बच्चों का होमवर्क जैसी जिम्मेदारियों को स्वयं निभाने का प्रयास करें।

इस प्रकार छोटी-छोटी बातों का ध्यान रखकर आप पति को सदैव अपनी ओर आकर्षित कर सकती हैं और पति आपके व्यवहार को देखकर आपका दीवाना बना रह सकता है।

पत्नी को श्रेय देना कितना महत्वपूर्ण

किसी भी परिवार के केंद्र में पति और पत्नी होते हैं। प्रायः घर से बाहर की हर समस्या को सुलझाना पति का दायित्व होता है और घर की जरूरतों को देखना, घर परिस्थिति के अनुसार समस्याओं का सामाधान करना पत्नी का कर्तव्य होता है। स्त्री को शक्ति माना जाता है। वह परिवार में पत्नी के रूप में एक केंद्र बिंदु बन जाती है, जहां से सारे निर्णय लिए जाते हैं। वह चाहे तो परिवार को सुखी व खुशहाल बना सकती है, उसकी जरूरतों का ख्याल रखकर सबको खुश रख सकती है। लेकिन यह सब तभी संभव है, जब वह स्वयं प्रसन्नचित रहे।

पत्नी की प्रसन्नता व शक्ति का स्रोत उसका पति ही होता है। यदि पति अपनी पत्नी की इज्जत करता है, उसे सहयोग देता है, उसे आत्मीयता प्रदान करता है, उसे बात-बात पर डांटता नहीं, दूसरों के सामने उसकी बेइज्जती नहीं करता, तो परिवार में कैसी भी परिस्थितियां हों, स्त्री हताश व निराश नहीं होती। उसमें पति के प्यार की ऐसी शक्ति होती है कि वह हर मुसीबत को आसानी से झेल लेती है।

घर के अनेक कार्य जैसे बच्चों को स्कूल भेजना, मेहमानों की खातिर करना, बच्चों को तैयार करना व होमवर्क कराना, घर में सभी की आवश्यकताओं का ख्याल रखना पत्नी का दायित्व होता है, जैसे घर के बाहर की समस्याओं को निपटाना पति का दायित्व होता है। यदि बच्चा अच्छे अंक लेकर आता है, तो बच्चे के साथ-साथ उसकी मां को भी इसका श्रेय दिया जाना चाहिए। प्रायः होता यह है कि बच्चे के अच्छे कार्य का श्रेय बच्चे को ही मिलता है। उसके बुरे आचरण व बुरे कार्यों का श्रेय मां को, यह सर्वथा गलत है।

यदि पत्नी और पति में एक दूसरे के प्रति आदर की भावना हो, तो पत्नी स्वयं को गौरवान्वित महसूस करती है और उसके भीतर आत्मविश्वास जागृत हो

जाता है। इसी आत्मविश्वास के सहारे वह परिवार को जोड़े रखती है। पत्नी के व्यवहार पर बहुत कुछ निर्भर होता है कि वह परिवार में जोड़ने का कार्य करती है या तोड़ने का।

कभी-कभी पति-पत्नी में बहस या मनमुटाव हो जाता है। ऐसे में प्रायः पत्नी ही आपसी वैमनस्य व कटुता को भुलाकर उसे क्षमा कर देती है और स्वयं क्षमा मांगकर या बात-चीत करके परिवार में कटुता दूर करने का प्रयास करती है। पति को पत्नी के इस व्यवहार पर उसे पराजित होने का अहसास नहीं कराना चाहिए। यदि पत्नी ने तनाव दूर करने का प्रयास किया हो, तो स्वयं भी उसे तनाव को भूलने का प्रयास करना चाहिए। इस संसार में हर मानव में कुछ-न-कुछ कमी अवश्य होती है, अतः उससे गलतियां भी अवश्य होती हैं। ऐसे में पत्नी से पूर्णता की अपेक्षा करना मूर्खता है। यदि पत्नी से कोई गलती हो गई या पति पत्नी की आपसी कलह हो गई, तो वातावरण को सामान्य बनाकर भूलने का प्रयास करें। यदि आप कई-कई दिन तक उस बात को नहीं भूलते या पत्नी को नीचा दिखाने का प्रयास करते हैं, तो परिवार में कलह का वातावरण ही बनेगा। यदि पति, पत्नी के माफी मांगने पर उसे दिल से माफ कर सामान्य व्यवहार करने लगता है, तो

शीघ्र ही उनकी दूरियां नजदीकियों में बदल जाती हैं। उनकी कटुता समाप्त हो जाती है।

भावुकता व अंतरंगता के क्षणों में पति-पत्नी को एक दूसरे पर आरोप प्रत्यारोप नहीं लगाने चाहिए, न ही परेशानियों का रोना-रोना चाहिए। एक-दूसरे को उलाहना देना या तकरार करना दोनों को एक-दूसरे से दूर कर सकता है। सुखी दांपत्य जीवन के लिए एक दूसरे की भावनाओं का ध्यान रखना व इच्छाओं का ख्याल रखना अति महत्त्वपूर्ण है। ऐसे में उनमें विपरीत परिस्थितियों में भी भावनात्मक जुड़ाव बना रहता है और एक दूसरे को संबल मिलता है।

यदि घर में किसी प्रकार का लाभ पत्नी के कारण हो या कोई सफलता पत्नी के कारण मिले, तो इसका श्रेय उसे अवश्य देना चाहिए। इससे पत्नी का मनोबल बढ़ता है और परिवार के लिए कुछ अच्छा करने की इच्छा उसमें बनी रहती है।

यदि पति किसी बड़े ओहदे पर है, जिसके कारण पत्नी को भी मान-सम्मान व प्रतिष्ठा मिलती है, तो पत्नी को इस बात पर गर्वित होने दें कि वह आपकी पत्नी है। यदि पति उसका मान नहीं देता या तिरस्कार करता है या ताना देता है कि उसके कारण उसे इतना मान मिलता है, तो पत्नी स्वयं को गर्वित महसूस नहीं करती, न ही पति को उतना मान देती है। बेहतर यही है कि पति को दूसरों से मान पाने के लिए पत्नी का मान करना चाहिए। आपका प्रेमपूर्ण मान पत्नी में स्वाभिमान भर देगा और वह पति तथा परिवार के प्रति समर्पित भाव से जुड़ी रहेगी।

पति को चाहिए कि पत्नी को अबला न मानकर सबला माने। यदि वह कोई ऐसा कार्य करना चाहती है या करने की क्षमता रखती है, जो प्रायः पुरुष करते हैं, तो उसकी खिल्ली उड़ाकर प्रतिवाद न करें। उसे कार्य करने के लिए प्रोत्साहित करें। इससे आपके परिवार का ढांचा सुचारु व मजबूत रहेगा और आप सुखी परिवार की जड़ें मजबूत कर सकेंगे।

जरूरी है पत्नी को समय देना

प्रायः पत्नियों को शिकायत रहती है कि उनके पति अत्यंत व्यस्त रहते हैं। वे सुबह ही कार्य के लिए निकल जाते हैं और फिर देर रात तक घर लौटते हैं। कुछ पति अपने कार्य व धन कमाने की होड़ के कारण अति व्यवस्त रहते हैं, तो कुछ पति घर से दूर मौज-मस्ती करने की लालसा के कारण। उनके पास धन की कमी नहीं होती, वे घर से बाहर रहकर नवीनता का सुख तलाशते रहते हैं।

कारण चाहे जो भी हो, इन व्यस्त पतियों की पत्नियां कितनी परेशान रहती हैं और उनका दिन व समय कैसे गुजरता है, यह जानना रोचक भी हो सकता है और महत्त्वपूर्ण भी।

प्रायः महानगरों व बड़े शहरों में अधिकांश व्यक्ति अति व्यस्त जीवन व्यतीत करते हैं। ऐसे लोगों को बहुत इज्जत की नजर से भी देखा जाता है। क्योंकि ऐसा समझा जाता है कि जिन व्यक्ति का रोजगार अच्छा होगा, वही इतना व्यस्त हो सकता है। अतः लोगों की इज्जत पाने के लिए कुछ लोग जान बूझकर व्यस्त होने का ढोंग करते हैं, जब कि कुछ लोगों के लिए व्यस्त रहना मजबूरी बन जाती है।

लेकिन यदि व्यक्ति इतना अधिक व्यस्त रहे कि उनके पास न तो अपनी पत्नी के लिए वक्त हो और न ही परिवार व बच्चों के लिए, तो उसकी व्यस्तता पत्नी व परिवार की परेशानियों का कारण बन जाती है। बड़े शहरों में ऐसे अनेक लोग मिल जाएंगे, जिन्होंने अपनी पत्नी व बच्चों को हर प्रकार की भौतिक सुविधा दे रखी है, चाहे वह कार, मोबाइल, कोठी, नौकर, ड्राइवर और न जाने क्या-क्या हो, लेकिन उन्हें अपनी पत्नी के पास बैठकर शांति से बातें करने की फुर्सत नहीं है। पत्नी व बच्चों के साथ खेलने व खाने का समय ही नहीं है। वे न तो पहले दिन की बात अपनी पत्नी से कह सकते हैं और न ही पत्नी की बात सुन सकते हैं।

प्रायः ऐसे व्यस्त पतियों की पत्नियां समय बिताने के बेकार के फार्मूले ढूंढ़ती रहती हैं और अपने पति से कुढ़ती रहती हैं।

ऐसे व्यस्त पति प्रायः पत्नी के शिकायत करने पर यह कह कर उन्हें चुप करा देते हैं कि वे जो कुछ कर रहे हैं और जिसके कारण अति व्यस्त रहते हैं, वह परिवार के लिए ही है। पत्नी एक तरफ तो सुख-सुविधाएं पाकर खुश होती है, परंतु उन सुविधाओं को भोगने के वक्त पति का साथ न पाकर निराश हो जाती है।

रजत और रंजीता का ही उदाहरण देखें। रजत का बहुत बड़ा कपड़ों का कारोबार था। बड़ी-बड़ी फैक्टरियों में कपड़ों का उत्पादन व निर्यात होता था। वह प्रतिदिन दस बजे घर से चला जाता था और रात्रि को दस-ग्यारह या बारह बजे तक लौटता था। पत्नी रंजीता परेशान थी, उसने कई बार शिकायत भी की। परंतु रजत हमेशा उसे यह कहकर बहला देता कि 'बच्चे हैं न तुम्हारा मन लगाने को। फिर तुम जैसी सुंदर-संपन्न पत्नी घर की व बच्चों की देखभाल करने वाली हो, तो मुझे फिक्र की क्या जरूरत!'

रंजीता चुप हो जाती थी, परंतु रजत के बेटे की कक्षाध्यापिका कई दिन से रजत से मिलना चाहती थी, परंतु रजत के पास समय न था, तो रंजीता और रजत की अच्छी खासी तू-तू मैं-मैं हो गई। रंजीता स्वयं को किटी पार्टियों में व्यस्त रखने लगी और बच्चों को नौकरों के सहारे छोड़ने लगी।

पति की अत्यधिक व्यस्तता पत्नी को गलत दिशा में भटका सकती है। पिछले दिनों समाचार पत्रों में पढ़ने को मिला कि पति की अत्यधिक व्यस्तता व बाहर के टूर से पत्नी ने अपने ड्राइवर को ही इच्छा पूर्ति का साधन बना डाला, उससे जोर जबरदस्ती कर अनैतिक संबंध कायम कर लिए।

पति की अत्यधिक व्यस्तता का विशेष कारण प्रायः अधिक धन कमाने की लालसा रहती है। कुछ पति इस कारण धन कमाने की होड़ में लगे रहते हैं, क्योंकि उन्होंने बचपन या युवावस्था में बहुत गरीबी में दिन बिताए होते हैं और वे अपने बच्चों को बहुत सारे ऐशो-आराम देकर सुखी देखना चाहते हैं, ताकि उनके बच्चों को उनका जैसा बचपन न बिताना पड़े।

कारण चाहे जो भी हो, कोई भी पत्नी केवल धन के सुख की लालसा नहीं करती। उसे पति का प्यार तथा उसका सामीप्य चाहिए। वह पति के साथ सुखद प्यार की अनुभूति के चंद क्षण बिता कर अपने दिन गरीबी या परेशानी में बिताकर भी गौरवान्वित महसूस करती है।

हर पति को अपनी पत्नी की अकेलेपन की समस्या को समझना चाहिए। प्रतिदिन न सही, सप्ताह में एक दिन अवश्य ऐसा होना चाहिए, जिस दिन वे साथ उठ-बैठ सकें, आत्मीयता-भरे क्षण बिता सकें, एक दूसरे की भावनाओं को समझकर आपस में सुख-दुख बांट सकें, परिवार के साथ मौज-मस्ती कर सकें।

बेइज़्ज़ती न कीजिए अपनी पत्नी की

रंजीत एक बड़ी कंपनी में एक्जीक्यूटिव हैं। उनका अपना बड़ा घर है। घर में नौकर-चाकर हैं, अपना भरा पूरा परिवार है। माता-पिता, छोटा भाई, अपने दो बच्चों व पत्नी सरिता के साथ रहता है। पत्नी भी पढ़ी-लिखी है, परंतु रंजीत की आदत है बात-बात पर पत्नी को झिड़क देना, डांट देना। वह बात-बात पर कहता है, 'अरे तुम ऐसा नहीं कर सकती, यह कार्य तुम्हारे वश का नहीं, तो छोड़ दो। अरे तुम्हें यह कार्य करने की अक्ल नहीं है, तो क्यों अपनी टांग अड़ाती हो।'

रंजीत का जब मन होता है, तो पत्नी से हंस कर बोलता है, वरना उसके लिए अपना भाई अथवा पिता ही काफी हैं हंसने-बोलने को। एक बार रंजीत ने नया कैमरा खरीदा। बच्चे-बड़े सभी खुश हुए कैमरा देख कर। रंजीत ने उस नए कैमरे से समस्त परिवार के फोटो खींचे और फोटो वाकई लाजबाब आए।

एक दिन सरिता की सहेली सरिता के घर आई, तो सरिता ने अपने पति के खींचे फोटो उसे दिखाए। फोटो इतने अच्छे आए थे कि सहेली पूछ ही बैठी कि कौन से कैमरे से खींचे हैं। सरिता ने जोश में भर कर बताया कि उसके पति ने नया कैमरा खरीदा है, फिर वह कैमरा अपनी सहेली को दिखाने लगी। इसी बीच देवर आ गया, कहने लगा, 'भाभी कैमरा खराब हो जाएगा।' तभी रंजीत ने अपने भाई की आवाज सुन ली और उठकर आ गया। नाराज होता हुआ बोला, 'किससे पूछ कर कैमरा निकाला तुमने? क्या जरूरत थी कैमरा छूने की? अगर खराब हो गया तो...जिस चीज की अक्ल न हो, वह काम नहीं करना चाहिए। तुम्हारा यह खेल-तमाशा मुझे पसंद नहीं।'

यह कहते हुए रंजीत ने कैमरा सरिता के हाथ से ले लिया। सरिता व उसकी सहेली लज्जित-सी होकर रंजीत का मुंह देखने लगीं।

प्रशांत के घर मेहमान आए हुए थे। उसके अपने छोटे भाई व बहन अपने परिवार सहित एक सप्ताह की छुट्टियां बिताने आए थे। सारा दिन शोर-शराबा होता रहता था। एक दिन सब लोग हंस बोल रहे थे कि इसी बीच तृप्ता ने आकर बताया कि भोजन तैयार हो गया है। तब प्रशांत ने कहा, 'ठीक है तुम मेज पर भोजन लगा दो।' तृप्ता ने भोजन की थाली मेज पर लगा कर रख दी। परंतु यह क्या मेज पर बैठते ही प्रशांत ने तृप्ता को जोर की आवाज लगाई और सबके सामने बोला, 'तुम्हें जरा-सी तमीज नहीं है थाली लगाने की। यह क्या सब्जियां बनाई हैं? शादी को पांच वर्ष हो गए, पर अब तक अक्ल नहीं आई कि मेहमानों को भोजन कैसे खिलाते हैं।' तृप्ता का चेहरा उतर गया।

रजनीकांत और रमा में अटूट प्यार था। वे पारिवारिक समस्याओं पर मिलजुल कर सलाह-मशविरा करते थे, वैसे भी दोनों ने प्रेम विवाह किया था। एक दिन रजनीकांत का मित्र श्याम बैठा हुआ था। वह रजनीकांत का घनिष्ठ मित्र होने के कारण अकसर ही उनके घर आता रहता था। तभी टेलीफोन की घंटी बज उठी। रमा ने फोन उठाया, तब तक रजनीकांत ने इशारे से रमा से कहा कि 'कह दो मैं घर पर नहीं हूं।' लेकिन जब तक रमा ने सामने देखा, वह फोन 'होल्ड ऑन' करा चुकी थी। रजनीकांत ने फोन पर तो बात कर ली, परंतु उसके बाद बोला, 'रमा तुम्हें समझ क्यों नहीं आता कि मैं क्या कह रहा हूं। किसी ने सच ही कहा है कि औरतों की बुद्धि होती ही पीछे है।'

रमा अपने पति और उसके मित्र का चेहरा देखती रह गई। मित्र के सामने पति के अपशब्द उसे अपमान का जहर प्रतीत हुए, जिन्हें वह मुश्किल से ही निगल सकी। उसकी आंखें डबडबा आईं। वह सोचने लगी कि एक तरफ तो रजनीकांत उसे इतना प्यार करता है, दूसरी ओर जब-तब घर से बाहर के लोगों के सामने उसका अपमान कर देता है। पता नहीं दूसरों के सामने इस प्रकार पत्नी का अपमान करने में उसे क्यों आनंद आता है।

रमेश अपनी पत्नी और अपनी इकलौती बिटिया आकृति के साथ अप्पू घर गया था। वे दोनों ही अपनी लाडली बिटिया को अलग-अलग झूलों में बिठा रहे थे और उसकी हंसी के साथ खिलते चेहरे को देख स्वयं भी आनंद विभोर हो रहे थे। एक झूले से उतर कर आकृति मचल गई कि यह रंगीन वाली आइसक्रीम खानी है। रमा पहले तो आकृति को समझाती रही कि 'बेटे तुम्हें खांसी-जुकाम हो रहा है, आइसक्रीम मत खाओ।' पर नन्हीं आकृति ज़िद करती रही, तो रमा ने आकृति को चुप कराने की गरज से थोड़ा जोर से डांटा, 'नहीं खानी तुम्हें आइसक्रीम, मैंने कहा न!'

रमा की डांट सुनते ही रमेश ने जोर से रमा को डांटा, 'क्या है? क्यों डांट रही हो मेरी लाडली बिटिया को? कोई जरूरत नहीं है इसे कुछ कहने की।' चारों ओर खड़े लोगों की निगाहें रमेश और रमा की ओर उठ गईं, परंतु रमा खिसिया कर रह गई। एक तो बच्चे की गलत ज़िद, ऊपर से भीड़-भाड़ में बाहर के लोगों के बीच डांट, भला यह भी कोई बात हुई।

ऐसा प्रायः अनेकों परिवारों में देखने में आता है कि पत्नी को जब-तब डांट दिया जाए। कई बार तो पत्नी की गलती न भी हो, तो भी उसे पति के गुस्से का सामना करना पड़ता है। और कभी-कभी बच्चों की गलती पर भी पत्नी को ही डांटा जाता है। बच्चा जिद्दी हो जाए या बिगड़ जाए, तो भी मां से यही कहा जाता है कि तुमने ही बिगाड़ा है इस बच्चे को।

यदि इस प्रकार का गुस्सा अथवा अपमान पति अकेले में करता है, तो पत्नी को कोई शर्म अथवा झिझक महसूस नहीं होती, परंतु यदि वह किसी भी बाहरी व्यक्ति की मौजूदगी में क्रोध करता है, तो निःसंदेह पत्नी को बड़ा अपमान महसूस होता है। ऐसे में कभी भी पति की इज्जत पत्नी की निगाह में बढ़ती नहीं। दूसरी तरफ पत्नी की गलती न होने पर रौब झाड़ने के लिए पत्नी को डांटना कहां की अक्लमंदी है।

जिस प्रकार पुरुषों का अपना अहं होता है, अपनी इज्जत होती है, उसी प्रकार पत्नी की भी इज्जत होती है। जरा कल्पना कीजिए कि चार लोगों के बीच बैठ कर पत्नी किसी प्रकार के अपशब्द पति से कहे, तो उसे कैसा महसूस होगा। उसे अपनी कितनी बेइज्जती महसूस होगी। इसलिए आवश्यक है कि पत्नी की इज्जत और अहं का पति पूर्ण ख्याल रखे। यदि पति बार-बार पत्नी की ऐसी बेइज्जती करता है, तो एक दिन ऐसा होने की संभावना है कि पति को चार लोगों के बीच शर्मिंदगी उठानी पड़े।

बच्चों के सामने अथवा बच्चों के लिए पत्नी को डांटने का अर्थ है, बच्चों की निगाह में उनकी मां की इज्जत कम करना। यदि चाहते हैं कि आपके बच्चे माता-पिता दोनों का समान रूप से सम्मान करें, तो आप बच्चों के सामने पत्नी को कदापि न डांटें, वरना बच्चों के जिद्दी होकर बिगड़ने का खतरा ज्यादा है। यदि पति, पत्नी के किसी क्रिया-कलाप अथवा इच्छा से सहमत नहीं है, तो समय देखकर अकेले में उसके बारे में हल निकालें, तभी अच्छा है। इससे आपसी संबंधों में तो सुधार आता है, एक-दूसरे के प्रति अंडरस्टैंडिंग भी बढ़ती है, जिससे उनका पारिवारिक जीवन निश्चय ही अधिक सुखमय बन जाता है।

पति-पत्नी के बीच बेहूदा मज़ाक ठीक नहीं

पति-पत्नी के बीच भावात्मक रिश्ता अत्यंत गहरा होता है। अतः पति या पत्नी द्वारा किया गया मजाक सभ्यता की सीमा में हो, तो किसी को कोई फर्क नहीं पड़ता। लेकिन यदि यही मजाक ऐसा बेहूदा हो, जिसमें व्यक्ति के भावात्मक संवेग जुड़े हों, तो व्यक्ति अपना मानसिक संतुलन खोकर चिंता और परेशानी में घिर जाता है। कुछ स्त्रियां तो ऐसे मजाकों से इतनी आहत हो उठती हैं कि महीनों तक सामान्य नहीं हो पातीं।

कुछ घरों में पति अपनी पत्नियों की बात-बात पर खिंचाई करते रहते हैं, जैसे पत्नी से कोई नुकसान हो जाए, तो सबके सामने कहेंगे, 'अरे हमारे घर में तो ऐसा रोज ही होता है, दिन में दो चार बार होना तो आम बात है। भई मुझे तो आदत पड़ गई है नुकसान झेलने की।' पत्नी बेचारी कुढ़ कर रह जाती है और कुछ बोल नहीं पाती।

इसी प्रकार अनेक पति अपनी पत्नी के खाने-पीने आदि की आदतों की खिंचाई करते अकसर देखे जा सकते हैं। ऐसे मजाक अकसर होते रहते हैं, तो पत्नी को इन सबकी आदत पड़ जाती है। वह इस खिंचाई को हंस कर टाल देती है और अपने काम में लग जाती है। लेकिन यदि पति-पत्नी की भावनाओं से खिलवाड़ करता है, तो पत्नी बुरी तरह चिढ़ जाती है।

अजय का ही उदाहरण लें, वह रविवार के दिन पर ही था। जबकि वह छुट्टी के दिन अकसर घर के कामों से बाहर चला जाता था। उस दिन जब फोन बजा तो अजय ने ही उठाया, परंतु फोन कट गया। ऐसा दो-तीन बार हुआ, मानो ब्लैंक कॉल आ रही हो। अजय ने मजाक में कह दिया 'सुषमा, लगता है तुम्हारा कोई आशिक है, जो मुझ से बात नहीं करना चाहता।' सुषमा ने हंस कर कहा, 'क्या मजाक करते हो?' परंतु जब फोन की घंटी पुनः बजी तो अजय ने कहा, 'लगता

है आशिक महाशय पूछ रहे हैं कि रास्ता साफ हो गया क्या, सुषमा जरा फोन उठा कर कह दो मेरे पति अभी घर पर हैं।'

पति की बात सुनकर सुषमा फूट कर रो पड़ी। अजय ने सुषमा को रोने की हंसी बनाते हुए कहा, 'अरे यार क्यों ड्रामा कर रही हो, उसे फोन पर बता दो न कि वह आज यहां नहीं आ सकता।' सुषमा क्रोध में चिल्लाने लगी। फिर उन दोनों का खूब झगड़ा हुआ। कई दिन तक बोलचाल बंद रही। अजय के बहुत समझाने पर भी कि वह मजाक कर रहा था, सुषमा नाराज रहने लगी और पति से खिंचा-खिंचा सा व्यवहार करने लगी। उसका कहना था कि मजाक की भी कोई हद होती है। यह भी कोई तरीका है मजाक करने का।

इसी प्रकार के अनेकों मजाक के अवसर होते हैं, जब पति-पत्नी में तनाव हो जाता है। पत्नी व पति दोनों को ही सोच समझकर संतुलित मजाक करना चाहिए।

यदि पत्नी की रिश्ते की बहन या सहेली घर आई है, तो पति को अपना व्यवहार खूब संतुलित रखना चाहिए। लेकिन यदि पति उस आगंतुक का बहुत ख्याल रखता है, तो पत्नी को उलटा-सीधा ताना पति को नहीं मारना चाहिए, नहीं तो झगड़े की स्थिति आ सकती है। इसी प्रकार यदि पति का कोई मित्र या

रिश्तेदार या भाई आया है, तो उसे लेकर पति को पत्नी के साथ भोंडा मजाक नहीं करना चाहिए। यह एक ऐसा नाजुक विषय होता है, जिस पर आसानी से बहस या झगड़ा हो सकता है। कुछ अवसरों पर तो ऐसा भी सुनने में आता है कि पत्नी ऐसे मजाक से चोट खाकर मनोवैज्ञानिक समस्याओं का शिकार हो गई।

इसके अतिरिक्त पति या पत्नी का एक दूसरे से छिपा कर किसी को कार्ड भेजना या आए हुए पत्र या कार्ड का उनके द्वारा छिपाया जाना एक दूसरे के मन में शंका उत्पन्न कर देता है। यही शंका यदि कुछ इस प्रकार व्यक्त की जाए कि दूसरे की अच्छी खिंचाई हो जाए, तो बात बढ़ जाती है। मोना ने घर आई डाक में आया एक पत्र फाड़ कर फेंक दिया। पति के पूछने पर उसने बताया कि चमत्कार जैसा कोई पत्र था कि इस पत्र की इतनी प्रतियां बांटो, परंतु पति को यकीन नहीं हुआ। मोना ने कई बार समझाया कि ऐसे पत्र अकसर आते रहते हैं, अतः मैं हमेशा ही फाड़ देती हूं, ताकि बिना बात का बहम न हो। परंतु उसके पति को बहम हो गया कि मोना कुछ छिपा रही है। उसे लगा कि उसके किसी मित्र के पत्र आते हैं, जिनके बारे में मोना बहाना बना रही है। पति ने मोना को ताना मार दिया। मोना क्रोध में पागल हो गई। उनका खूब झगड़ा हुआ और मोना अपने मायके चली गई। उनकी तलाक की नौबत आ गई। रिश्तेदारों की मध्यस्थता से सुलह-शांति हुई। परंतु इस प्रकार की सुलह-सफाई होते एक वर्ष बीत गया।

इस प्रकार के मजाक चाहे पति करे या पत्नी, तो आसानी से रिश्तों में दरार की नौबत आ सकती है। भावात्मक रिश्तों पर चोट मनुष्य के अहम को ठेस पहुंचाती है। अतः पति व पत्नी को बेहूदे व भोंडे मजाक से बचना चाहिए।

जब कोई बात बिगड़ जाए

पति-पत्नी के बीच छोटी-मोटी तकरार या नाराजगी होना सामान्य बात है। इस नाराजगी को यदि लंबे समय तक न खींचा जाए, पिया को जल्दी ही मना लिया जाए, तो इस तकरार से जीवन में नवीनता आ जाती है। इससे अपने व्यवहार व गलतियों की ओर स्वयं ही ध्यान केंद्रित हो जाता है।

पति व पत्नी दोनों को ही चाहिए कि वे एक दूसरे की नाराजगी जल्दी से जल्दी दूर करने का प्रयास करें। यदि पति रूठ गया है, तो पत्नी को अपनी गलती मानते हुए बेझिझक पति को मनाने का प्रयास करना चाहिए। इसके विपरीत यदि किसी बात पर पत्नी रूठ जाए, तो पति को पत्नी को प्यार से मना लेना चाहिए। वैसे भी पत्नी अपने पति की थोड़ी-सी मनुहार पर जल्दी ही रीझ जाती है। वह केवल यही सोचकर खुश हो जाती है कि इसका पति उसे चाहता है, तभी उसे मनाने की कोशिश कर रहा है, जबकि पति प्रायः अपनी नाराजगी का व्यवहार कई दिन मनाने के पश्चात् भी नहीं बदलता।

सामान्यतया परिवारों में पति के नाराज होने की स्थितियां अधिक आती हैं और पत्नी के नाराज होने की कम। पति अधिकार पूर्वक क्रोध प्रदर्शित कर सकता है, पत्नी को डांट-फटकार सकता है, जबकि पत्नी प्रायः चुप रहकर अपने क्रोध का इजहार करती है। केवल कुछ स्थितियों में पत्नी के बोलने या नाराज होने के अवसर आते हैं।

कुछ परिवार ऐसे भी होते हैं, जहां दंपती में आए दिन झगड़ा व कलह होता रहता है। ऐसे दंपती एक-दूसरे को मनाने का प्रयास नहीं करते और अपनी-अपनी तरह जीने का प्रयास करने लगते हैं। प्रायः आधुनिक व शिक्षित दंपतियों में इस प्रकार का बिखराव देखने को मिलता है। ऐसे झगड़े की स्थिति में पत्नी भी स्वयं कमाने का दम रखती है। ऐसे में उनमें जल्दी ही तलाक की नौबत पहुंच जाती है।

कुछ पति अत्यधिक गुस्सैल व क्रोधी स्वभाव के होते हैं। ऐसे पति प्रायः स्वयं के पुरुष होने पर गर्व करते हैं। अपना पौरुष दिखाकर पत्नी को डांटना-फटकारना अपना हक समझते हैं। ऐसे पुरुषों में पौरुषत्व का अहम इतना अधिक होता है कि वे बात-बात पर पत्नी को फटकार सुनाते हैं और घर में उनके ही नाम का डंका बजता है। ऐसे पति हर बात में अपनी चलाते हैं, अपना निर्णय सर्वोपरि मानते हैं। ऐसे घरों में पत्नियां, प्रायः घर में शांति रखने की नीयत से चुप रहना ही अधिक पसंद करती हैं। पति के क्रोध को बेवजह बरदाश्त करती हैं। पति के साथ बहस या सवाल-जवाब में उलझना उन्हें पसंद नहीं होता।

फिर भी अनेक अवसर ऐसे आते हैं कि पति-पत्नी के बीच झगड़े व तनाव की स्थिति पैदा हो जाती है। स्थिति अति विकट हो जाने पर पति-पत्नी साथ रहने में स्वयं को असमर्थ पाते हैं। ऐसा नहीं है कि केवल पत्नियां ही पति के क्रोध व गुस्सैल व्यवहार से प्रभावित हैं, कुछ पुरुष भी पत्नियों के व्यवहार से त्रस्त होते हैं।

पत्नियों को प्रायः शिकायत रहती है कि उनकी पत्नी उनका ख्याल नहीं रखती, उनको अपना समय नहीं देती, वह बच्चों व घर के कार्यों में समय बिता देती है। पति के कार्य सुचारु रूप से नहीं करती। यदि ऐसी स्थिति हो, तो पत्नी को समझदारी से काम लेना चाहिए। पति की शिकायत को जहां तक हो सके, दूर करने का प्रयास

करना चाहिए। पति के शाम को घर आने के पूर्व सारे कार्य पहले ही निबटा लेने चाहिए। छोटे बच्चों का होमवर्क आदि भी शाम को करा देना चाहिए।

पति व पत्नी दोनों को ही एक दूसरे की गलतियों की टोका-टाकी से बचने का प्रयास करना चाहिए। हर व्यक्ति की कुछ प्राकृतिक आदतें होती हैं, जिन्हें बदलना प्रायः असंभव-सा ही होता है। बार-बार टोकने पर भी व्यक्ति उस व्यवहार को अनजाने ही दोहरा देता है, जैसे-साड़ी से मुंह पोंछना या छींकने पर मुंह के आगे हाथ न लगाना आदि। इस स्थिति से बचने का प्रयास करके घर में होने वाले तनाव को खत्म किया जा सकता है। पति-पत्नी को आपस में यह समझने का प्रयास करना चाहिए कि सभी के अच्छे व बुरे गुण होते हैं। कोई भी व्यक्ति संपूर्ण नहीं होता, अतः अपने जीवन साथी की अच्छाइयों की ओर ध्यान देना चाहिए, कमियों या गलतियों की ओर नहीं।

यदि पति किसी बात पर नाराज है और वह किसी चीज की तुरंत मांग कर रहा है, तो उससे उलझने की बजाए पत्नी को सारे कार्य छोड़कर उसकी इच्छित वस्तु लाकर देनी चाहिए। पति के क्रोधित होने पर पत्नी का बहस न करना घर में सुख-शांति को बनाए रखता है।

यदि पति या पत्नी से कोई गलती हो जाए और वे इसी पर माथापच्ची करते रहें, तो निश्चय ही उनका क्रोध और अधिक भड़क जाएगा। अतः एक दूसरे की गलती को 'एवोइड' करने से बिगड़ी बात बनाई जा सकती है।

पति यदि तनाव ग्रस्त हो, तो पत्नी को पति के तनाव का कारण जानने का प्रयास करना चाहिए। यदि कोई पारिवारिक कारण हो, तो उसे दूर करने का प्रयास करना चाहिए। पति पत्नी को एक दूसरे की परेशानियों को समझना चाहिए और उन्हें आपस में 'शेयर' करने का प्रयास करना चाहिए।

पति के क्रोध के वक्त पत्नी को टोका-टाकी या बहस नहीं करनी चाहिए। यदि अपनी गलती न भी हो, तो भी उस समय शांत रहना चाहिए। बाद में पति का मूड सामान्य होने पर पत्नी को अपनी सफाई देनी चाहिए। इससे बेवजह क्लेश से तो बचाव हो ही जाएगा, पति को अपनी गलती का एहसास भी हो जाएगा और वह भविष्य में ऐसी गलती को नहीं दोहराएगा।

पति-पत्नी के बीच कोई सेक्स समस्या हो, तो चुप रहकर नहीं वरन आपस में बातचीत कर उसे सुलझाने का प्रयास करना चाहिए।

जहां तक हो पति-पत्नी दोनों को एक दूसरे की भावनाओं का ख्याल रखते हुए घर की जिम्मेदारी निभानी चाहिए। सुखी दांपत्य में जो सुख है, वह नाराजगी, टकराव, अहम की लड़ाई व तलाक में कहां?

स्त्री ही दोषी क्यों

भारतीय समाज में विवाह को अत्यंत पवित्र बंधन माना गया है। इसमें स्त्री एवं पुरुष समान रूप से एक दूसरे से जुड़ कर एक हो जाते हैं। समाज में विवाह के बारे में प्रचलित मान्यता यही है कि विवाह के पश्चात् स्त्री को ही ससुराल पक्ष व पति से सामंजस्य स्थापित करना पड़ता है। जब कि वास्तविकता यह है कि दो भिन्न परिस्थितियों में पल कर बड़े हुए स्त्री-पुरुष का जब मिलन होता है, तो भिन्न स्थान, वातावरण व रीति-रिवाज के कारण उनके विचारों में भी भिन्नता होती है। उनमें आपसी सामंजस्य तभी स्थापित हो पाता है, जब पति व पत्नी दोनों ही एक दूसरे की इच्छाओं व भावनाओं का ख्याल रखते हुए स्वयं को बदलने का प्रयास करते हैं। किंतु व्यवहार में स्त्री को ही समझौते करने होते हैं। स्त्री को पूजनीय मानने वाले भारतीय समाज में यह भेदभाव विडंबना ही है। इस प्रवृत्ति के बीज बचपन से ही बो दिए जाते हैं। बचपन से युवावस्था तक उसे परिवार के पुरुष सदस्यों की इच्छा का ध्यान रखते हुए ही स्वयं का व्यवहार संतुलित रखना पड़ता है। उन्हीं के अनुसार वह पल कर बड़ी होती है। बचपन में पिता व भाइयों की हर इच्छा को सर्वोपरि माना जाता है, क्योंकि इस पुरुष शासित समाज में स्त्री की यही नियति समझी जाती है।

कुछ पुरुष इस प्रकार की पौरुष मानसिकता वाले होते हैं कि स्त्री को पैर के अंगूठे की नोक पर रखना पसंद करते हैं। उनका हुक्म ईश्वर के हुक्म से कम नहीं होता, परंतु हमारा वातावरण व समाज सदैव यही सिखाता है कि परिवार को सुखपूर्वक चलाने के लिए स्त्री को हर हालत में 'एडजस्ट' करना चाहिए। किसी प्रकार की शिकायत या उफ करने का उसे कोई हक नहीं।

मिसेज शर्मा का ही उदाहरण लें। पिछले दिनों हमारी कालोनी में शर्मा दंपती कहीं बाहर से ट्रांसफर होकर आए। उनके विवाह को कुछ माह ही बीते थे।

सभी पड़ोसियों ने उनका ध्यान रखना शुरू कर दिया और कभी-कभी उनके घर चले जाते। बात-बात में पता लगा कि मिस्टर शर्मा आई.ए.एस. अफसर बनना चाहते थे। कई बार प्रतियोगी परीक्षा में सम्मिलित भी हुए, परंतु उनका चयन न हो सका।

चूंकि पढ़ाई करते वक्त उनका ध्येय केवल आई.ए.एस. बनना ही था, अतः कोई व्यावसायिक प्रशिक्षण उन्होंने नहीं लिया। परीक्षा देते-देते उनकी आयु काफी हो चली थी, अतः किसी दफ्तर में क्लर्क की नौकरी कर ली। इसी बीच घर वालों ने उनका विवाह कर दिया।

मिस्टर शर्मा कुंठित हो गए। क्लर्क की नौकरी से सदैव असंतुष्ट रहते थे। विवाह के पश्चात् शर्मा जी ने अपना क्रोध व कुंठा अपनी पत्नी पर निकालनी शुरू कर दी। शुरू में वह पत्नी को बात-बात पर डांटते थे, फिर बाद में मारपीट तक नौबत पहुंच गई थी। पति के अत्याचारों से श्रीमती शर्मा तंग आ चुकी थीं। अतः उनसे बचने के लिए वह तलाक लेने की सोचने लगी। परंतु उनके मायके वालों व रिश्तेदारों ने श्रीमती शर्मा को ही समझाना शुरू कर दिया कि 'देखो, किस घर में आदमी गुस्सा नहीं करते? तुम लड़की हो, एडजस्ट करना सीखो। जैसा तुम्हारा पति चाहता है, वैसा ही रहा करो।'

श्रीमती शर्मा ने लाख समझाने की कोशिश की कि वह सब कुछ पति की मर्जी के मुताबिक करती है, लेकिन दफ्तर की कुंठा वह मुझ पर बरसाते हैं, लेकिन कोई श्रीमती शर्मा को सही मानने को तैयार न था। अड़ोसी-पड़ोसी भी यही कहने लगे कि श्रीमती शर्मा में ही कोई कमी होगी। कोई बिना बात के पत्नी को थोड़े ही पीटता है। मतलब यह कि सभी स्त्री को ही दोषी ठहराने लगे। धीरे-धीरे जब भी सब आपस में मिलते, तो मिसेज शर्मा के बारे में बात करते और बात-बात में उन्हें 'बेचारी' कहते।

पड़ोसी, रिश्तेदार या मिलने वाले जब भी उनके घर का तमाशा देखते, तो कोई भी मिसेज शर्मा को बचाने न जाता, न ही कभी मिस्टर शर्मा को समझाने का प्रयास करता। मिसेज शर्मा की जिंदगी तबाह होकर 'बेचारी बन कर रह गई थी, परंतु समाज उसे ही दोषी ठहरा रहा था। मिसेज शर्मा पिटें भी और समाज की नजरों में दोषी भी कहलाएं।

ठीक इसके विपरीत घटना हुई मंजुला के साथ। मंजुला एक अत्यंत सुंदर एवं चुस्त लड़की थी। उसने परिवार में बड़ों की इज्जत व सभी से सामंजस्य रखने की शिक्षा पाई थी।

मंजुला पढ़ाई में तो सदैव आगे थी ही, एथलेटिक खेलों में भी उसने कुछ पदक जीते थे। उसके वैवाहिक जीवन को चार वर्ष बीत चुके थे। पति की इच्छानुसार व्यवहार करना उसकी आदत थी। इस कारण घर में काफी शांति रहती थी। रवि जब-तब अपना क्रोध व गालियां मंजुला पर बरसाता रहता था।

एक बार की बात है, मंजुला का पति रवि अपने दोस्तों को घर पर ले आया। मंजुला उनके लिए चाय बनाने लगी, तो रवि के दोस्त बोले, 'नहीं-नहीं, हम तो सीधे-सादे लोग हैं, चाय-वाय नहीं पीते, जरा सोडा ला दीजिए। पीने का इंतजाम तो हमारे पास है।'

मंजुला हतप्रभ-सी देखती रह गई। रवि के दोस्त शराब की बोतल लेकर आए थे। मंजुला का मूड बिगड़ गया और वह भीतर कमरे में जाकर बैठ गई। अपनी रौब जताने की आदत के अनुसार रवि ने मंजुला को डांटकर बुलाया।

'मंजुला तुमने सुना नहीं, फ्रिज से ठंडा पानी और पास की दुकान से सोडा की बोतल ला दो।'

मंजुला गुस्से में पैर पटकते हुए भीतर गई और ठंडे पानी की बोतल देकर भीतर बैठ गई। रवि की आंखों में मानो खून उतर आया था। उसे मित्रों के सामने अपनी बेइज्जती-सी प्रतीत हो रही थी, जब कि मंजुला हरगिज नहीं चाहती थी

कि घर में शराब पी जाए। क्योंकि एक बार इसकी शुरुआत हो जाए, तो फिर रोकना मुश्किल होता है।

जैसे-तैसे रवि के मित्र एक घंटे बाद चले गए। रवि नशे में था। क्रोध में भर कर वह भीतर आया और मंजुला पर हाथ उठाने लगा, पर मंजुला ने तुरंत रवि का हाथ पकड़ लिया और बोली, 'खबरदार जो मुझ पर हाथ उठाया, ऐसा किया तो मुझ से बुरा कोई न होगा।'

रवि ने ऐसा सपने में भी नहीं सोचा था कि इतनी सीधी-सादी आज्ञाकारिणी पत्नी उसका हाथ पकड़ सकती है। उसका दिमाग झन्ना गया, नशा काफूर हो गया। वह क्रोध में उबलते हुए अकड़ कर बोला, 'क्या करोगी, पीटूंगा मैं तुम्हें...'

मंजुला बोली, 'मैं तुम्हारे जैसे बर्बर पति के साथ रह कर अपनी ताकत का अहसास भूल चुकी थी। मुझ में भी पूरी ताकत है अच्छे-अच्छों से मुकाबला करने की। अगर तुमने हाथ उठाया, तो तुम्हें तो मारने नहीं दूंगी और मैं तुम्हारी वैसी ही पिटाई करूंगी जैसी तुम करते।'

रवि को लगा कि मंजुला यूं ही धमकी दे रही है। वास्तव में वह ऐसा कुछ नहीं कर सकती। उसने जोर से हाथ उठाया और एक तमाचा मंजुला को दे मारा। मंजुला ने जोश में आकर थप्पड-घूसों की बरसात रवि पर कर दी। वह मानसिक रूप से इसके लिए तैयार न था, अतः घबरा गया।

रवि समझ गया कि उसे समझौता करने के लिए बर्बरता का त्याग करना ही पड़ेगा। वह तुरंत शांत हो गया। उसे अहसास हो गया कि वह गलत था।

लेकिन इस घटना की जानकारी अड़ोस-पड़ोस में आग की तरह फैल गई। लोग खुसर-पुसर करने लगे और कहने लगे, 'क्या कलयुग आ गया है, घोर अनर्थ हो रहा है, औरत पति पर हाथ उठा रही है।' समाज में हर व्यक्ति मंजुला की बुराई करने लगा। लोग उससे कतराने लगे।

मतलब यह है कि समाज में पति-पत्नी को पीटे, तो समाज पत्नी को बचाने के स्थान पर उसे 'बेचारी' ठहरा सकता है अथवा उसे ही गलत ठहरा सकता है और यदि पत्नी पति की पिटाई के बदले हाथ उठाती है, तो लोग पत्नी का दोष बता कर कन्नी काटने लगते हैं। उस पत्नी के साथ उनकी बेचारी वाली हमदर्दी भी समाप्त हो जाती है और लोग उस पत्नी की आलोचना शुरू कर देते हैं।

प्रश्न यह उठता है कि भारतीय समाज में स्त्री के प्रति दोहरा मापदंड क्यों अपनाया जाता है। स्त्री पिटे तब भी दोषी, पीटे तब भी दोषी।

पति के मन में शक की दीवार न उठने दें

समाज में आज तेजी से बदलाव आ रहा है। लोगों की मानसिकता भी कुछ हद तक बदल रही है। प्रायः सभी शिक्षित परिवारों में दो बच्चे होते हैं। चाहे वे लड़के हों या लड़की, सभी को समान प्यार दिया जाता है और शिक्षा के समान अवसर दिए जाते हैं। ये बच्चे स्कूल, कॉलेज में अनेकों मित्र बनाते हैं और एक समय आ जाता है, जब ये बच्चे युवा होकर वैवाहिक जीवन में प्रवेश करते हैं।

हमारे समाज में अकसर देखा जाता है कि विवाह के पूर्व अकसर माता-पिता अपने बच्चों को इतनी छूट देते हैं कि वे विपरीत सेक्स के मित्र भी बना सकें। ये मित्र आपस में कभी घुले-मिले भी होते हैं। ऐसे में मित्रों में आपस में कोई मनमुटाव नहीं रहता।

परंतु जैसे-जैसे उनका विवाह होता जाता है, उनका नजरिया बदलने लगता है। वे अपने जीवन साथी पर एकाधिकार की इच्छा रखने लगते हैं। लड़के प्रायः अपनी पत्नी के दोस्तों को और लड़कियां अपने पति की हमउम्र सहेलियों को बर्दाश्त नहीं कर पातीं। कहीं-कहीं ऐसा भी होता है कि पति काफी उदार दिल होता है और अपनी पत्नी के दूसरों के साथ हंसने-बोलने को बुरा नहीं मानता। परंतु ऐसे में लड़के के घर वाले या रिश्तेदार लड़के के कान में फुसफुसाना शुरू कर देते हैं कि बहू के ये लक्षण ठीक नहीं हैं...वगैरह...वगैरह...।

फिर लड़के का नजरिया भी बदलने लगता है। इसी प्रकार लड़कियां भी विवाह होते ही अपने पति का इधर-उधर घूमना, देर से आना, अन्य लड़कियों से बातें करना बरदाश्त नहीं कर पातीं। नतीजा यही होता है कि परिवार जिसकी नींव खुशी और प्यार के साथ रखी गई थी, बिखरने लगती है।

प्रायः दंपती भूल जाते हैं कि विवाह एक अटूट विश्वास का नाम है, एक दूसरे को समझने का नाम है, दूसरे के लिए बलिदान करने का नाम है, दूसरे को

खुश रखने का नाम है। जब तक वे एक दूसरे पर विश्वास करते रहेंगे, उनमें प्यार बना रहेगा और उनका यह अटूट बंधन जीवन-भर खुशी-खुशी चलता रहेगा।

वैवाहिक जीवन में शक के लिए कोई स्थान नहीं है। शक करने से प्यार की मजबूत जड़ें भी हिलने लगती हैं और परिवार रूपी हरा-भरा वृक्ष मुरझाने लगता है। यदि कहीं शक की नौबत आए, तो बेहतर यही होता है कि समय देखकर एक दूसरे से स्पष्ट बात कर ली जाए, ताकि बात और न बिगड़े। विप्लव का ही उदाहरण देखें—

विप्लव बहुत देर से अपनी पत्नी का इंतजार कर रहा था। वह बालकनी में कभी बाहर आता कभी अंदर जाता। वह समझ नहीं पा रहा था कि क्या करे। घड़ी की सुई टिक-टिक करके आठ बजा रही थी। अचानक उसे लगा कि ऋचा के ऑफिस में फोन करके ही पता कर लूं कि इतनी देर क्यों हो गई। इतनी देर से वह फोन करना टालता जा रहा था।

विप्लव ने फोन किया, परंतु उधर से किसी ने फोन नहीं उठाया, तो उसका मिजाज और भी गर्म हो उठा। ऋचा प्रायः पौने सात या सात बजे तक घर अवश्य

आ जाती थी। दफ्तर से 6 बजे उसकी छुट्टी होती थी। विप्लव 7.30 बजे तक घर पहुंचता था। आज विप्लव काम से ऑफिस से बाहर गया था। वहीं से घर लौट आया, इसलिए वह 6 बजे ही घर पहुंच गया था।

उसे एक-एक क्षण एक-एक युग की भांति प्रतीत हो रहा था। अचानक घर के बाहर मोटर साइकिल रुकने की आवाज सुनाई दी, तो विप्लव चौंका। वह बाहर की ओर लपका तभी उसने देखा कि ऋचा किसी की मोटर साइकिल से उतरी और घर की ओर चल दी। ऋचा को किसी अन्य पुरुष के साथ देखकर विप्लव का माथा ठनक गया और ऋचा के भीतर आने पर चुपचाप किताब लेकर पढ़ने बैठ गया। ऋचा ने कारण बताने का प्रयास किया, तो गुस्से से उसने सुनने से इनकार कर दिया। एक सप्ताह बीत गया, परंतु विप्लव ने ऋचा की तरफ से बेरुखी अपनाई हुई थी। वह हरदम नाराज रहता। उससे बात न करता। उसके कुछ भी पूछने पर ठीक से जवाब न देता।

एक दिन ऋचा ने विप्लव को मनाते हुए जब बहुत प्यार से उसके गुस्से का कारण पूछा, तो वह गुस्से में बौखला कर अपना शक व क्रोध बयान कर बैठा। जब ऋचा ने ऑफिस की मीटिंग के बारे में विस्तार से बताया कि साढ़े सात बजे मीटिंग खत्म होने पर यदि वह बस से आती, तो 9 बज सकते थे और उसके दफ्तर का साथी जो इधर ही रहता है, उसके साथ वह घर आ गई। ऋचा ने कहा, 'अगर तुम्हें बुरा लगा, तो आगे से चाहे देर भी हो जाए मैं किसी के साथ हरगिज नहीं आऊंगी। इस पर विप्लव को अपनी गलती का अहसास हुआ और उनके जीवन में फिर से खुशहाली छा गई।'

इसके विपरीत रमन के वैवाहिक जीवन में शक की वजह से एक बड़ा तूफान आ गया, जिससे उसकी नैया मुश्किल से आगे बढ़ सकी। रमन एक सुशील होनहार लड़का था। उसके विवाह को 7-8 माह बीत चुके थे। वह अकसर परेशान सा रहने लगा था। उसके मित्र पूछते भी क्या बात है, तो वह कोई-न-कोई बहाना बना देता। वह अकसर दफ्तर से कभी दोपहर को छुट्टी लेकर घर चला जाता, तो कभी छुट्टी से 2-3 घंटे पहले और कभी-कभी तो यहां तक होता कि दफ्तर आता और 1-2 घंटे बाद ही तबीयत खराब की अर्जी देकर छुट्टी लेकर घर चला जाता।

शुरू में तो मित्रों ने सोचा कि नया-नया विवाह हुआ है, इस कारण घर जाने की जल्दी बनी रहती है। परंतु जब 7-8 माह बीत जाने पर भी रमन का यही क्रम बना रहा, तो एक दिन उसके मित्र संजय ने पूछा, 'क्या बात है यार शादी के बाद तू बहुत बीमार रहने लगा है? डॉक्टर को दिखाया तूने?'

'नहीं, कोई खास बात नहीं है', रमन बोला।

'फिर भी, बता तो सही, डॉक्टर ने क्या बताया' संजय ने फिर जोर देते हुए पूछा, तो रमन बोला, 'नहीं यार मेरी तबीयत कुछ खराब नहीं है।' बस यूं ही...।

'तो क्या भाभी जी की तबीयत कुछ खराब है?' संजय ने पूछा।

'तबीयत तो तुम्हारी भाभी जी की एकदम चुस्त-दुरुस्त है', रमन बोला।

'फिर क्या बात है? लगता है तू कुछ छिपा रहा है, जब तेरी और भाभी जी दोनों की तबीयत ठीक है, तो फिर यह रोज-रोज बीमारी की छुट्टी क्यों?' संजय ने अपनत्व जताते हुए पूछा।

रमन पहले तो कुछ हिचकिचाया, फिर बोला, 'क्या बताऊं दोस्त, जब से मेरा विवाह हुआ है, न जाने मन में शक-सा बना रहता है।'

'कैसा शक, किस पर?' संजय से अचकचाते हुए पूछा।

'मुझे अपनी पत्नी के व्यवहार और रूप-रंग को देखकर हरदम शक-सा बना रहता है' रमन ने बात को स्पष्ट करते हुए कहा।

'क्या कोई खास व्यवहार रहता है, भाभी जी का? कभी तुमने कुछ गलत देखा अपनी आंखों से?' संजय आश्चर्य प्रकट करते हुए बोला।

'मैं जब भी अचानक घर जाता हूं, तो घर में पत्नी हमेशा सजी-धजी श्रृंगार किए मिलती है। कोई घर के काम में व्यस्त होकर इतना श्रृंगार करके कैसे रह सकता है? मुझे तो शक होता है कि उसका कोई शादी से पहले के दोस्त का चक्कर है या फिर कुछ और ही चक्कर है। मुझे उसका चाल-चलन ही ठीक नहीं लगता।'

'जब तुमने इतनी बार अचानक पहुंच कर देख लिया और तुम्हें आज तक कभी कुछ गलत नहीं मिला, तो क्यों बेवजह अपनी सुंदर पत्नी पर शक करते हो? मुझे देखो, मेरी शादी को चार वर्ष हो गए। ये वर्ष कैसे बीत गए, मुझे पता ही नहीं लगा। यह शक और बहम तो पारिवारिक प्रेम के दुश्मन हैं।' समझाते हुए संजय बोला।

'नहीं यार, बात यह नहीं है। मैंने भी आज तक अपने घर में अपनी मां व दो भाभियों को देखा है, घर में बिलकुल साधारण कपड़ों में बिना बनाव-श्रृंगार के रहती हैं। एक मेरी पत्नी है कि घर में भी इतनी सजी-धजी मिलती है, जैसे वह कहीं जाने वाली है या कोई आने वाला है।' रमन बोला।

संजय समझ गया कि शक ने रमन के दिल-दिमाग को जकड़ रखा है। उसने

फिर भी एक बार और समझाने की कोशिश की, 'यार सबके अपने-अपने शौक होते हैं। भाभी जी को बनाव-शृंगार का ज्यादा शौक होगा, फिर शादी के बाद साल दो साल तो प्रायः सभी लड़कियों को बनने संवरने का बहुत शौक रहता है, खासकर जब तक बच्चे की जिम्मेदारी नहीं आ जाती।'

रमन चुप हो गया, पर लगता था कि वह पूरी तरह संतुष्ट नहीं था, तो संजय ने उसको समझाने के लिए एक योजना बनाई और एक दिन लंच में छुट्टी लेकर दोनों मित्र रमन के घर गए।

रमन थोड़ी दूर छिप कर खड़ा रहा। संजय ने कॉल बेल दबाई, तो रमन की पत्नी ने दरवाजा खोला और नमस्ते किया, फिर संजय को देखकर बोली, 'रमन तो इस समय घर पर नहीं हैं।'

संजय ने आग्रह किया, 'कोई बात नहीं, तब तक एक-एक कॉफी हो जाए।' इस पर रमन की सुंदर पत्नी बोली, 'आप बुरा न मानें तो शाम को आइएगा, तब तक रमन भी ऑफिस से घर आ गए होंगे। कॉफी भी पीजिएगा और पकौड़े भी खाइएगा।'

संजय बाहर आ गया और आकर अपने मित्र रमन को समझाया, 'यदि तुम्हारी पत्नी का चरित्र खराब होता, तो मुझे भी बैठने का आग्रह करती। मुझे नहीं लगता कि तुम्हारी पत्नी का चरित्र खराब है या वह दोषी है। इतनी सुंदर और सलीकेदार पत्नी किस्मत वालों को ही मिलती है। शक की दीवार खड़ी करके क्यों अपने परिवार की खुशियां मिटाना चाहते हो।' इतना कहकर संजय ने सारी बात विस्तार पूर्वक रमन को बता दी।

रमन का शक तो दूर हो गया और उनके परिवार में उमंग की मस्ती छा गई। वास्तव में शक परिवार में कलह उत्पन्न कर देता है। पत्नी या पति के देर से आने पर बेवजह वे एक दूसरे पर शक करते हैं, तो परिवार की खुशियां चकनाचूर हो सकती हैं।

पति को दफ्तर या घर की अन्य जिम्मेदारियों के सिलसिले में घर से बाहर अधिक समय रहना पड़ सकता है। पति या पत्नी शौकीन मिजाज हो, तो उसे हरदम अच्छे कपड़े पहनने व परफ्यूम लगाने का शौक हो सकता है। पत्नी कभी पति की पूर्व अनुमति के बिना अपनी किसी मित्र के यहां अथवा मायके जा सकती है अथवा बाजार किसी काम से जा सकती है, जिसके लिए वह निश्चित रूप से कुछ घंटे घर से बाहर रहेगी। इन सब बातों का कदापि गलत अर्थ न लगाएं। दफ्तरों में भी पुरुष व स्त्रियों में एक दूसरे से मित्रवत व्यवहार होता है।

आवश्यकता पड़ने पर एक दूसरे की सहायता की जाती है। एक दूसरे से कोई काम कराना, लिफ्ट लेना, साथ बैठकर खाना आदि सामान्य दिनचर्या के अंग हैं। एक दूसरे के प्रति विश्वास से वैवाहिक जीवन में आपसी प्रेम बढ़ता है। मन में शक का बीज पनपने देने से अच्छा है कि अवसर देखकर बात स्पष्ट कर ली जाए, ताकि यह बीज पनप कर पौधा बनने से पहले ही उखाड़ दिया जाए, वरना घर की सुख-शांति भंग हो सकती है।

पति की सेक्रेटरी पत्नी के शक की धुरी

तेजी से बदल रहे समाज में जीवन मूल्यों में भी तेजी से परिवर्तन आया है। आज स्त्री व पुरुष आफिस में कंधे-से-कंधा मिला कर चलते हैं। अनेक सरकारी व प्राइवेट कार्यालयों में रिसेप्शनिस्ट अथवा सेक्रेटरी का कार्य प्रायः महिलाएं ही देखती हैं। कहीं-कहीं तो महिला होने के कारण उनका शोषण होता है, तो कहीं महिला होने का वे अनुचित लाभ उठाती हैं। चूंकि सेक्रेटरी को बार-बार अनेक कार्यों के संबंध में अपने बॉस के पास जाना पड़ता है। यदि सेक्रेटरी सुंदर हो, तो कई बार उनके गलत संबंध भी स्थापित हो जाते हैं और कई बार पत्नियां शक अथवा गलतफहमी के कारण अपने पति पर गलत आरोप लगा बैठती हैं, जिससे उनके परिवार की खुशियां चकनाचूर हो जाती हैं। पत्नी की समझदारी व आपसी विश्वास ही परिवार में खुशियां वापस लौटा सकती है।

वंदना का विवाह बड़ी धूमधाम से गारमेंट एक्सपोर्टर रवि से हुआ। उसकी ससुराल में खूब आवभगत हुई। उसके कानों में शहनाइयों की गूंज अभी भी सुनाई दे रही थी कि अचानक सुबह-सुबह उसकी आंख खुली, तो पति को कमरे से नदारद पाया। वह जल्दी से बन-संवर कर कमरे से बाहर निकली तो यह क्या? हंसी के तेज कहकहे उसको भीतर तक झकझोर गए।

बाहर के कमरे में रवि किसी नवयौवना से हंस-हंस कर बातें कर रहा था। उस युवती की अदायें ही देखने काबिल थीं। वंदना को आता देख रवि ने उसका परिचय कराया, 'यह मेरी सेक्रेटरी बॉबी है। मुझ से आज के कामों के बारे में पूछने आई है।' वंदना को यह कुछ अच्छा न लगा। वह सोचने लगी कि आखिर विवाह के अगले दिन ही ऐसी क्या जरूरत आ पड़ी इस सेक्रेटरी को, जो सुबह-सुबह बनठन कर चली आई।

रवि ने एक सप्ताह की आफिस जाने की छुट्टी कर रखी थी। वंदना मन ही मन खुश हो रही थी कि शायद हनीमून पर जाने के लिए रवि ने छुट्टी ले रखी है, पर वंदना को क्या पता था कि वह सब वंदना के लिए दिखावा था। रोज सुबह बॉबी सज-धज कर आ जाती। तीन-चार घंटे रवि से बातें करती रहती, फिर शाम को पुनः आकर बैठ जाती। रवि उसका खूब खयाल रखता।

वंदना से यह सब सहन न हुआ, परंतु उसने स्वयं को नियंत्रित करते हुए रवि से कहा, 'डियर, कुछ दिन बाद तो आप ऑफिस जाएंगे ही, पर तब तक तो आप छुट्टी मनाइए।' पर रवि ने बड़े आराम से यह कह कर वंदना की बात टाल दी कि 'डार्लिंग काम भी तो बहुत जरूरी है। यह तो गनीमत है कि बॉबी यहां आकर सारा काम पूछ जाती है।'

वंदना को कई बार लगा कि इन दोनों के बीच कहीं कुछ गलत संबंध हैं, जिनके बारे में वह नई नवेली होने के कारण किसी से पूछ नहीं सकती थी कि अचानक उसने अपनी बड़ी ननद व सास के बीच खुसपुस सुनी, 'रवि का हाल तो ज्यों-का-त्यों है, मैं तो सोचती थी कि विवाह के बाद रवि सुधर जाएगा।... 'बॉबी भी तो कितनी बेशर्म है, उसे जरा भी किसी की परवाह नहीं। वह यह भी

नहीं सोचती कि अब रवि का वैवाहिक जीवन बिखर जाएगा, पर जब अपना माल खोटा, तो पराये का क्या दोष।'

वंदना से सुना न गया। वह चुपचाप अपने कमरे में जा कर कुछ सोचने लगी और फिर उसने दृढ़ निश्चय कर लिया रवि को सुधारने व सही राह पर लाने का। वह हरदम रवि का ज्यादा-से-ज्यादा खयाल रखती। उसकी हर इच्छा-अनिच्छा का सम्मान करती। खूब बन-संवर कर रहती। शुरू में उसे अनेक मुश्किलों का सामना करना पड़ा, पर धीरे-धीरे रवि उसकी ओर आकर्षित होने लगा।

एक दिन रवि की अनुपस्थिति में उसने बॉबी से भी बात की व उसके गलत व्यवहार की ओर ध्यान दिलाया। पर बॉबी ऐय्याश लड़की थी, रवि उस पर दौलत लुटाता था, अतः बॉबी स्वयं को बदलने या अपनी गलती मानने को तैयार न थी।

वंदना ने हार न मानी, वह रवि का ध्यान अपनी ओर बराबर बनाए रखती, इस बीच उनका बेटा हो गया और रवि धीरे-धीरे अपने परिवार में मस्त हो गया। वंदना की मेहनत रंग लाई और उसका परिवार खुशियों से भर उठा।

यदि वंदना पति से तकरार अथवा बहस करती या लड़ती-झगड़ती, तो हो सकता था कि बात बिगड़ जाती, परंतु उसने हिम्मत से काम लिया और उसका जीवन सुखमय हो गया।

सेक्रेटरी से पति के गलत संबंध होने का शक परिवार की खुशियों को बरबाद कर देता है। केवल शक की बुनियाद पर संबंध बिगाड़ लेना भी गलत है। शक की दरार चौड़ी हो जाने पर परिवार बिखर जाता है, जैसा कि मि. सुरेश श्रीवास्तव के साथ हुआ।

सुरेश का विवाह हुए लगभग 17 वर्ष बीत चुके थे। उसका व उसकी पत्नी सीमा का एक दूसरे पर पूरा विश्वास था। सुरेश सरकारी कार्यालय में एक्जीक्यूटिव था। तनख्वाह भी अच्छी पाता था। उसके अनेक रईसों से अच्छे संबंध हो गए थे। सुरेश को महसूस हुआ कि यदि वह अपना ऑफिस खोल ले, तो इससे कहीं ज्यादा कमा सकता है।

पति-पत्नी दोनों की राय बनी कि आजकल बिजनेस कन्सल्टेन्ट के काम में काफी कमाई है। सुरेश ने अच्छे कामर्शियल कांप्लेक्स में अपना ऑफिस खोल लिया। आधुनिक रिवाज के अनुसार 2-3 कर्मचारी व एक सेक्रेटरी रख ली। सुरेश के समस्त कार्यों व दिनचर्या की जानकारी सेक्रेटरी को होती। सुरेश का काम चल निकला।

वह अत्यंत व्यस्त रहता, कभी-कभी घर भी देर से पहुंचता। पत्नी के शिकायत करने पर कहता कि सेक्रेटरी से फोन करके पता कर लेती कि मुझे कहां

जाना है और कब पहुंचूंगा। पत्नी को बहुत गुस्सा आता, पर चुप होकर रह जाती। उसे लगता कि पति उसे अनदेखा करने लगा है। पहले तो सदैव सुरेश उसे अपने आने-जाने के कार्यक्रम बताकर जाता था।

सुरेश एक बार पिकनिक पर अपने परिवार के साथ घूमने गया। उसे न जाने क्या सूझी कि सेक्रेटरी को भी पिकनिक पर आमंत्रित कर लिया। सीमा ने मजाक में कुछ शब्द सेक्रेटरी के बारे में कह दिए, 'अरे भई तुम तो आजकल बहुत खास हो...।' बस पति को गुस्सा आ गया, उसे अपनी तौहीन महसूस हुई। सुरेश को लगा कि पत्नी उसकी वफादारी पर शक कर रही है। उसने जानबूझ कर घर के उत्सवों, कार्यक्रमों में सेक्रेटरी को बुलाना शुरू कर दिया।

चूंकि सुरेश की उम्र अपनी सेक्रेटरी से बहुत ज्यादा थी, परंतु सीमा का विश्वास डगमगाने लगा। धीरे-धीरे उसका शक बढ़ता गया। सुरेश कभी उसकी इस बात को गंभीरता से न लेता था, क्योंकि उसे अपने व्यवहार में कुछ गलत न लगता था। सेक्रेटरी परिवार में सभी से बात करती थी। सुरेश को अपने अच्छे चरित्र व शालीनता पर आवश्यकता से अधिक विश्वास था। नतीजा यह हुआ कि उसके संबंध पत्नी से बिगड़ते चले गए। बच्चे चूंकि समझदार थे, अतः उन्हें भी अपने पिता की ऐसी गतिविधियां अच्छी न लगती थीं। उन्हें पारिवारिक कार्यक्रमों में किसी बाहरी व्यक्ति को बुलाने की आदत न थी। धीरे-धीरे नौबत तलाक तक आ पहुंची। बना-बनाया घर शक के एक झोंके से गिर गया।

पति की सेक्रेटरी जरूरत से ज्यादा सुंदर अथवा स्मार्ट हो, तो भी कभी-कभी पत्नी को उससे पति के संबंध होने का शक पैदा हो सकता है। जैसा कि सुभाष और स्वप्निल के परिवार में हुआ।

सुभाष पेशे का डॉक्टर है। उसके विवाह को 2-3 वर्ष बीत चुके थे। विवाह के वक्त सुभाष किसी बड़े अस्पताल में नौकरी करता था। पति-पत्नी दोनों की तमन्ना थी कि सुभाष का अपना बड़ा क्लीनिक हो, वह स्वयं प्रैक्टिस करे। अतः दोनों ही क्लिनिक बनाने के लिए बहुत मितव्ययिता से खर्च करके धन इकट्ठा कर रहे थे।

जैसे-तैसे तीन वर्ष निकल गए। कुछ मित्रों से धन लेकर व कुछ अपना धन लगाकर डॉ. सुभाष ने अपना क्लीनिक खोल लिया। किस्मत ने साथ दिया कि उसकी प्रैक्टिस चल निकली। सुभाष ने अपनी सहायता के लिए नर्स व मरीजों को समय देने के लिए रिसेप्शनिस्ट कम सेक्रेटरी रख ली। काम बढ़ने लगा था, अतः सुभाष को घर आने में अकसर देर हो जाती।

सुभाष थका-मांदा घर लौटता, तो स्वप्निल के कटाक्ष सुनने को मिलते, 'हां-हां अब मन बहलाने को सुंदर सेक्रेटरी जो है क्लीनिक में, इसीलिए घर आने का मन नहीं करता। सुनकर सुभाष को गुस्सा आ जाता, पर वह अपना पारिवारिक जीवन बिगाड़ना नहीं चाहता था। अतः चुप होकर रह जाता।'

एक दिन सुभाष के देर से आने पर स्वप्निल ने रोते हुए कहा, 'तुम्हें अब मेरी बिलकुल परवाह नहीं। पहले तुम मेरा कितना खयाल रखते थे, शाम को समय से घर वापस आ जाते थे, पर अब...।' उसकी बात पूरी होने से पहले ही सुभाष बोल पड़ा, 'देखो स्वप्निल, यह बात बिलकुल ठीक नहीं है। मैं सब कुछ तुम्हारे व अपनी बिटिया के लिए ही तो करता हूं। पहले मैं नौकरी करता था, तो अस्पताल से जल्दी छुट्टी हो जाती थी। पर तब बंधी-बंधाई निश्चित तनख्वाह ही तो मिलती थी। अच्छा तुम्हीं बताओ, क्या तुम नहीं चाहती कि मेरी प्रैक्टिस खूब चले?'

'वह कौन पत्नी नहीं चाहेगी?' स्वप्निल ने चुप होते हुए कहा। अब सुभाष को मौका मिल गया था पत्नी को अपनी सफाई देने व समझाने का। वह बोला, 'तुम्हीं सोचो, जब ज्यादा अच्छी प्रैक्टिस होगी, तो ज्यादा मरीजों को देखने में ज्यादा समय तो लगेगा ही। फिर तुम मेरे देर से आने पर क्यों बेवजह शक करती हो?'

स्वप्निल को सुभाष की बात समझ में आ गई और दोनों की जीवन-नैया, जो हवा के झोकों से हिलने लगी थी, फिर से धीरे-धीरे ठीक-ठाक चलने लगी। यदि इस वक्त पति समझदारी से काम न लेता और गुस्से में गलत बात बोल देता, तो बात बिगड़ सकती थी। कभी-कभी पति की अपनी सेक्रेटरी के प्रति अत्यधिक सहानुभूति भी पत्नी के मन में शक पैदा कर देती है।

32 वर्षीय वीरेंद्र एक बड़ी कंपनी का मालिक था। उसके बड़े-से ऑफिस में अनेकों कर्मचारी काम करते थे। एक दिन उसके ऑफिस में एक 19-20 वर्षीया शिक्षित एवं गरीब लड़की आई। वह समय की मारी व गरीबी से परेशान कुछ काम करना चाहती थी। उसके परिवार में बूढ़ी मां व दो छोटे भाई थे। उसने वीरेंद्र से काम देने की प्रार्थना की। वीरेंद्र का दिल पसीज गया और उसे अगले दिन से काम पर आने को कह दिया।

वीरेंद्र ने अपनी पत्नी को भी बताया कि उसने आज एक जरूरतमंद लड़की को नौकरी देकर उसकी सहायता की है। पत्नी ने भी प्रसन्नता जाहिर की। परंतु कुछ समय बाद पत्नी को पता लगा कि उसका पति उस गरीब लड़की को अन्य स्टाफ से अलग छुट्टियां, एडवांस व अन्य सुविधाएं देता है। उस लड़की पर उसका

पति कुछ ज्यादा ही मेहरबान है। तभी एक दिन पत्नी को उस लड़की से मिलने का मौका मिला। लड़की बार-बार उसके पति वीरेंद्र की प्रशंसा करती रही। लड़की के सौम्य-सुंदर व्यक्तित्व के कारण पत्नी को ईर्ष्या व शक होने लगा। पत्नी ने पति को उस लड़की को नौकरी से निकाल देने को कहा, तो पति ने समझाया कि वह गरीब एवं बेसहारा है और अपने परिवार का एकमात्र सहारा है।

ऐसे में पत्नी को लगा कि पति के दिल में सहानुभूति की जगह प्यार ने स्थान ले लिया है, इसी कारण वह लड़की को नौकरी से निकलना नहीं चाहता। दोनों में मन मुटाव रहने लगा। इसी बीच पत्नी को उस लड़की के परिवार से मिलने का मौका मिला।

उस परिवार का हर सदस्य उसके पति के एहसानों से दबा हुआ लगता था। सभी उसकी व उसके पति की बार-बार प्रशंसा कर रहे थे। पत्नी को अपनी गलती का एहसास हुआ। उसके व्यवहार में पुनः पहले की सी मस्ती व चुस्ती छा गई।

ऐसे ही अनेकों मौके आते हैं, जब पत्नी को पति के अपनी सेक्रेटरी के साथ संबंध होने का शक हो जाता है। परंतु शक की बुनियाद पर गलत व्यवहार करना अथवा संबंध बिगाड़ लेना कोई अक्लमंदी नहीं। मन में शक का बीज पनपने देने से अच्छा है कि अवसर देख कर बात कर ली जाए, ताकि यह बीज पनप कर पौधा बनने से पहले ही नष्ट हो जाए, वरना घर की सुख-शांति नष्ट हो सकती है।

क्या करें विवाह पूर्व के प्रेमी से मिलने पर

संचिता का विवाह हुए 13 वर्ष बीत चुके थे। इस बीच वह दो बेटों की मां बन चुकी थी। अपने पति का प्यार पाकर अपने सुखी संसार में मस्त थी। अपने बच्चों को पालते-पोसते हंसते-हंसते कब इतने वर्ष बीत गए, संचिता को पता ही नहीं लगा।

पिछले दिनों संचिता अपने मायके आई हुई थी। उसके भाई के बेटे की शादी थी। अपने भतीजे की शादी पर वह खुशी से फूली नहीं समा रही थी, तभी अचानक उसकी टक्कर आशीष से हो गई। उसे अचानक देख कर संचिता घबरा गई। फिर संभलते हुई बोली, 'कैसे हो?' आशीष ने संचिता को बरसों बाद देखा था, सो वह सचिंता को देखता ही रह गया। वह इतने बरसों बाद भी पहले जैसी स्मार्ट और सुंदर दिख रही थी। आशीष ने जब कुछ जवाब नहीं दिया, तो संचिता चल दी। आशीष अचकचा कर बोला, 'आज भी इतनी खूबसूरत दिखती हो कि देखते रहने को जी चाहता है।'

संचिता शरमाते हुए घबराकर दूसरे कमरे में घुस गई, परंतु आशीष की दिल चीर कर रख देने वाली निगाह संचिता के दिल को तार-तार कर गई। उसका दिल धक-धक कर रहा था। बरसों पहले कॉलेज में दोनों साथ पढ़ा करते थे, तब दोनों ने साथ रहकर जीने-मरने की कसमें खाई थीं, परंतु तकदीर को कुछ और ही मंजूर था। उसका विवाह संजय से हुआ, तो वह बहुत रोई थी, परंतु अब संजय उसे प्यार करने लगा था। उसका हरदम बहुत खयाल रखता था। विवाह के कुछ महीनों बाद तक तो वह पिछले सपनों में खोई रही थी, फिर सब कुछ भूलकर नई दुनिया में अपने पति के साथ खो गई थी।

आज उसकी एक निगाह ने उसे घायल कर दिया था। वह न जाने क्यों आज भी आशीष की ओर खिंची जा रही थी। फिर आशीष ने मौका पाकर उससे

बात कर ही डाली और अपने दिल का हाल कह डाला। अब संचिता का मन बहुत परेशान था। वापस अपनी ससुराल आने के बाद भी वह महीनों तक आशीष को नहीं भुला सकी थी।

दूसरी तरफ ऋतु की कहानी इससे बिलकुल अलग थी। ऋतु विवाह से पूर्व एक कंपनी में नौकरी करती थी और कंपनी के ही एक अधिकारी देवांग से प्यार करती थी। उसका प्रेम आगे बढ़ भी नहीं पाया था कि उसके घर वालों को पता लग गया। उन्होंने झटपट ऋतु के लिए अच्छा लड़का ढूंढ़ कर उसकी शादी कर दी। ऋतु ने भी माता-पिता की इच्छा जान कर सब कुछ भुला देने में ही भलाई समझी।

हाल ही में ऋतु अपने पति रमन के साथ बाजार में घूम रही थी, तभी उसकी देवांग से मुलाकात हो गई। ऋतु ने अपने पति का परिचय देवांग से इस प्रकार कराया, 'देवांग यह तुम्हारे जीजा जी हैं, और रमन यह देवांग है, जो मेरे दफ्तर में मेरे साथ काम करता था।'

इसके पश्चात् देवांग ने काफी कोशिश की कि ऋतु से कुछ बात करे, परंतु ऋतु ने उसे बात करने का मौका ही नहीं दिया। उसका रुख देखकर देवांग की

कुछ हिम्मत नहीं हुई और वह अपने रास्ते चला गया। बात वहीं खत्म हो गई।

दरअसल हर व्यक्ति का निजी जीवन एक दूसरे से भिन्न होता है। युवावस्था में अनेक लड़कियां स्कूल-कॉलेज में एक दूसरे से दोस्ती करते हैं, कुछ लोगों का एक दूसरे से प्यार हो जाता है। कुछ लोगों का अपने अन्य किसी सहकर्मी से प्यार हो जाता है। परंतु यह जीवन का वास्तविक सत्य है कि हर किसी को अपने सपनों की मंजिल नहीं मिलती। कुछ प्रेमी विवाह के बंधन में बंध कर एक हो जाते हैं, तो कुछ अपना अलग घर बसा कर अपनी नई दुनिया का निर्माण करते हैं। ऐसे में अनेक वर्षों के पश्चात् प्रेमी से मिलना रोमांचित भी कर सकता है और डर भी पैदा कर सकता है। हमारे सामाजिक ढांचे में किसी भी लड़के का पूर्व प्रेमिका से मिलना इतना खतरनाक नहीं हो सकता, जितना लड़की का प्रेमी से मिलना हो सकता है। अतः लड़कियों को जान-बूझकर या अचानक विवाह पूर्व पुरुष-मित्र या प्रेमी से मिलते वक्त अत्यंत सावधानी बरतनी चाहिए, वरना उनके घर टूटने का अंदेशा रहता है। किन्हीं परिस्थितियों में ऐसा भी संभव है कि उनकी मित्रता पुनः आरंभ हो जाए, ऐसी स्थिति में एक साथ दो घर टूटने का खतरा उत्पन्न हो जाता है। जैसा कि मानसी और अमोल के मामले में हुआ।

अमोल और मानसी एक दूसरे के अच्छे मित्र थे। परंतु वे एक दूसरे के लिए मित्र के स्थान पर प्रेमी-प्रेमिका कब बन गए थे, इसका अहसास उन्हें स्वयं भी तभी हुआ था, जब वे एक दूसरे से अलग होकर अपना-अपना घर बसा चुके थे। दोनों वर्षों तक एक दूसरे को भुला नहीं सके थे। विवाह के आठ वर्ष पश्चात् जब उनकी किसी पार्टी में मुलाकात हुई, तो दोनों ने अपने पति व अपनी पत्नी को एक दूसरे से मिलवाया। मानसी के पति ने अमोल की मित्रता को अत्यंत सहज भाव से लिया और धीरे-धीरे उसका उनके घर आना शुरू हो गया। मानसी और अमोल की मित्रता बढ़ने लगी, तो मानसी के पति ने उसे समझाया। इधर अमोल की पत्नी उसके देर से आने पर झगड़ा करने लगी। पति-पत्नी दोनों में हरदम कलह व झगड़ा रहने लगा और उधर मानसी के घर में भी तनाव रहने लगा। इस चक्कर में दो घरों की सुख-शांति भंग हो गई और आखिरकार दोनों घर टूटकर बिखर गए। मानसी अपने पति व बच्चों को छोड़कर स्वयं भी अमोल के साथ सुख से नहीं रह सकी। एक तरफ अपने बच्चों का खयाल, दूसरी तरफ उसकी बदनामी ने उसे कहीं का न छोड़ा।

इस प्रकार मानसी का घर तो तबाह हुआ ही, अमोल का भी हंसता-खेलता परिवार इस प्रेम की आग में राख हो गया। इतना ही कहा जा सकता है कि प्रेमी

प्रेमिका का अन्यत्र विवाह हो जाने पर विवाह पूर्व के प्रेम को सदा-सदा के लिए दफना देना ही बेहतर है। यदि अचानक पूर्व प्रेमी से मुलाकात हो जाए, तो हो सके तो बच कर निकल जाएं या बेरुखी से पेश आएं, अन्यथा अपना घर और जिंदगी तबाह हो सकती है।

एक अन्य महत्त्वपूर्ण बात यह है कि विवाह पूर्व प्रेमी से जान-बूझकर मिलने की गलती तो स्त्री को कभी भी नहीं करनी चाहिए, चाहे उसे स्वयं पर पति पर कितना ही विश्वास क्यों न हो। कभी-कभी तो गलत निगाह न होने पर भी आप गलतफहमी की शिकार हो सकती हैं। चाहे वह पति की निगाह में हो या प्रेमी की निगाह में।

प्रेमी यह सोच सकता है कि आप उससे पुनः मित्रता बढ़ाने की इच्छुक हैं। पति को यह गलतफहमी हो सकती है कि आप पूर्व प्रेमी से किसी गलत वजह से मिलने जा रही हैं। अतः अपने घर की सुख-शांति बनाए रखने के लिए आवश्यक है कि आप अपने विवाह-पूर्व प्रेमी से किसी प्रकार का कोई संबंध न रखें।

कहा जाता है कि व्यक्ति अपना पहला प्यार नहीं भूलता। दिल के किसी न किसी कोने में उसके लिए अनजान जगह बनी रहती है। समय के साथ उन यादों पर एक मिट्टी की पर्त जम चुकी होती है। परंतु जब कभी अचानक प्रेमी से मुलाकात हो जाती है, तो एक हवा के झोंके से वह मिट्टी की पर्त उड़ कर यादें सामने आ जाती हैं और दिल के तार झनझना उठते हैं। जो चिनगारी अब तक यूं लगता था कि बुझ चुकी है, कुछ-कुछ सुलगने लगती है और फिर भड़कने को तैयार हो जाती है। प्रेमी-प्रेमिका ही नहीं, यदि पति-पत्नी भी किसी कारण वश एक दूसरे से अलग रहने लगे हों और वे अचानक कहीं टकरा जाएं, तो उनमें भी कुछ देर के लिए प्रेम की भावना जागृत हो जाती है। शायद यही कारण है कि तलाक लेने के पूर्व पति-पत्नी को छः माह के लिए अलग-अलग रहना अनिवार्य है।

यह पति-पत्नी के संबंधों पर निर्भर करता है कि पुराने प्रेमी के मिलने पर प्रेम की चिनगारी भड़कती है या सामान्य मित्र की भांति मुलाकात कर सदैव के लिए बुझ जाती है। यदि आप अपने पति के साथ संतुष्ट व बिना किसी तनाव के खुश जीवन व्यतीत कर रही हैं, तो पुराने प्रेमी के मिलने पर उसे सामान्य मित्र की भांति मिलिए और भूल जाइए। उससे जान-बूझकर फिर से मिलने की न तो कोशिश कीजिए और न ही उसके इकरार को स्वीकृति प्रदान कीजिए। यह एक सामान्य व सही बात है कि जब किसी भी पुरुष या स्त्री को पुराना मित्र मिलता है, तो स्वाभाविक रूप से बेहद खुशी होती है, परंतु मिल जाने के पश्चात् बार-बार

मिलने की उत्कंठा नहीं बनी रहती। अतः यदि आप अपने परिवार में खुश हैं, तो अपने मित्र के मिलने पर सामान्य खुशी प्रकट करना ही काफी है।

यदि आप अपने पति के साथ तनावपूर्ण व असंतुष्ट जीवन व्यतीत कर रही हैं, तो हो सकता है कि आप अपने प्रेमी के मिलने पर उसके प्रति गहरा आकर्षण महसूस करें या आपको यूं महसूस हो कि आपके सूने मरुस्थल जैसे जीवन में बाहर आ गई है। लेकिन आपके लिए जीवन की सच्चाई से मुंह न मोड़ना ही बेहतर है। भावनाओं में न बहकर आपको समझदारी से काम लेना चाहिए। आपका जीवन अब अपने पति के साथ जुड़ चुका है और यदि बच्चे भी हैं, तो वे आपके और आप उनके भविष्य के साथ जुड़ी हैं, अतः बेहतर यही है कि आप अपने पति के साथ बेहतर संबंध बनाने का प्रयास करें।

यदि आप प्रेमी के मिल जाने से भीतर-ही-भीतर खिंचाव महसूस कर रही हैं, तो आपको चाहिए कि पति के साथ अधिक समय बिताएं, ताकि आपका ध्यान ना भटके। आपको अकेलेपन से भी बचना चाहिए, इससे एक तो आप भावनात्मक रूप से सुरक्षित रहेंगी, दूसरे पुराने मित्र के अचानक घर आ जाने का खतरा नहीं रहेगा। यदि आपने जरा-सी भी छूट दी, तो प्रेमी जब-तब आपके घर धमक सकता है। आपके सिर पर पति के या किसी के देख लेने का खतरा बना रहेगा और आप मानसिक रूप से तनावग्रस्त रहने लगेंगी। प्रेमी के आने से पुनः संबंध बनने की संभावना तो है ही, हो सकता है कि वह भीतर-ही-भीतर आपके पारिवारिक जीवन से कुढ़ कर उसे बिगाड़ने की मंशा से या आपको ब्लैक मेल करने की इच्छा से आपके पास बार-बार आने लगे या फोन करने लगे। ऐसे में आपका जीवन दूभर हो जाएगा और आपके सुखी वैवाहिक जीवन पर भी खौफ व डर के बादल छाए रहेंगे। इससे इन संबंधों से बचे रहना ही आपके लिए अच्छा है।

प्रेमी और पति की तुलना न ही करें तो बेहतर है। कई बार आप प्रेमी से मिलने पर जब उससे बातें करने को बेताब हो उठती हैं, तो उतावला मन अनायास ही पति और प्रेमी की तुलना करने लगता है, जब कि यह सर्वथा गलत है। प्रेमी का साथ तो चंद घंटों या वर्षों का होता है और उस स्थिति में आप एक दूसरे की सिर्फ अच्छाइयां ही देख पाते हैं। स्वयं को भी सर्वश्रेष्ठ प्रस्तुत करते हैं, जब कि विवाह के पश्चात् पति का चौबीसों घंटे का साथ होने के कारण कभी प्यार, कभी तकरार, तो कभी मनमुटाव होता ही रहता है। फिर प्रेमी के साथ आप किन्हीं सामाजिक जिम्मेदारी से बंधे नहीं होते, जब कि पति के साथ सामाजिक जिम्मेदारी निभाने में छोटी-मोटी बहस या तकरार तो हो ही सकती है। आप ही सोचिए कि

यदि किसी प्रेमी-प्रेमिका की शादी हो जाती है, तो क्या वर्षों बाद भी उनके पहले जैसे मधुर संबंध रह पाते हैं। कम ही उदाहरण देखने को मिलेंगे, जहां प्रेमी-प्रेमिका की शादी के पश्चात् पहले जैसा प्यार बना रहता हो या मन मुटाव न होता हो। प्रेमी के पति बनते ही उस पर जिम्मेदारियां आ जाती हैं और स्वाभाविक रूप से उसके व्यवहार में बदलाव आ जाता है।

हर स्त्री को विवाह के पश्चात् अपनी जिम्मेदारियों को निभाते हुए अपने पति को ही प्रेमी के रूप में देखना चाहिए। ऐसे में उनमें सदैव प्यार बना रहेगा, और पुराने प्रेमी के मिल जाने पर उस ओर खिंचाव महसूस नहीं होगा। अपने परिवार की वर्तमान परिस्थितियों का ध्यान रखकर अपने पति व बच्चों की ओर ध्यान देने से ही आपका दांपत्य जीवन सुखी रह सकता है। यह सच्चाई खूब अच्छी तरह समझ लें।

विवाहेतर संबंधों में सुख की तलाश कितनी उचित

सेक्स ईश्वर द्वारा प्रदान की गई एक ऐसी ऊर्जा का नाम है, जिसमें मानव ही नहीं, हर प्राणी रोमांचित हो उठता है। इसके बिना किसी भी जीवन की कल्पना नहीं की जा सकती। विश्व के रचयिता ने सेक्स की भावनाओं द्वारा विश्व को रचने व निर्माण की प्रक्रिया को सरल बना दिया है। इससे मात्र शरीर ही नहीं, मन और मस्तिष्क भी उत्तेजित हो उठते हैं और प्राणी एक अद्‌भुत सुखद अनुभूति का अनुभव करता है।

कहा जाता है कि जिस प्राणी अथवा मानव के मन में सेक्स की भावना उत्पन्न नहीं होती, वह जीवन में नीरस व निरुत्साहित रहता है। वह प्राणी मृगतृष्णा की भांति भटकता रह जाता है।

सेक्स की भावना व उसकी पूर्ति प्राणी में आत्मिक संतोष भरकर उसे ऊर्जा प्रदान करती है। कुछ दशक पहले तक प्रायः सेक्स का अधिकार पुरुषों की इच्छा तक ही सीमित था। स्त्रियां न तो अपनी इच्छा व्यक्ति करती थीं, न ही सेक्स में विशेष रुचि या भागीदारी प्रकट करती थीं। यदि उनकी सेक्स की इच्छा हो, तो उसे दबा लेती थीं, लेकिन बदलते समय ने महिलाओं की सोच में क्रांतिकारी बदलाव ला दिया है। स्त्रियां भी जीवन में सेक्स की पूर्ति आवश्यक मानने लगी हैं। वे अपनी इच्छाओं को दबाती नहीं, उन्हें प्रकट करती हैं। वे अन्य आवश्यकताओं की भांति सेक्स को अपरिहार्य आवश्यकता मानने लगी हैं। यह ठीक है कि आज स्त्री-पुरुष संबंधों में बहुत अधिक खुलापन आ गया है। घर से बाहर निकलते ही स्त्री को लोगों के बीच अपने अस्तित्व को स्थापित करना पड़ता है। यहां हमें इस संबंध में विचार करना है।

अविवाहित और सेक्स संबंध

आज अति आधुनिक स्त्रियां सेक्स की अभिव्यक्ति के प्रति इतनी सचेत हो गई हैं कि वे विवाह पूर्व भी संबंध बनाने में कोई हिचकिचाहट महसूस नहीं करतीं। ऐसी आधुनिक युवतियों का मानना है कि यदि पुरुष विवाह पूर्व संबंध स्थापित कर यौन सुख प्राप्त कर सकते हैं, तो वे क्यों नहीं कर सकतीं। ऐसी युवतियों का तर्क रहता है कि जिस प्रकार शरीर की अन्य महत्त्वपूर्ण आवश्यकताओं की पूर्ति की जाती है, उसी प्रकार सेक्स की इच्छा पूर्ति भी आवश्यक है।

सेक्स को विवाह पूर्व स्वीकार करने वाली आधुनिक युवतियां यह मानकर चलती हैं कि वे केवल पति की संतुष्टि का साधन मात्र नहीं बन सकतीं। उनकी इच्छा या संतुष्टि भी उतनी ही महत्त्वपूर्ण है, जितनी पुरुष की। इस प्रकार की मान्यताओं में विश्वास करने वाली महिलाओं की संख्या बहुत कम है और प्रायः केवल महानगरों तक ही सीमित है। यद्यपि भारतीय समाज में इसे किसी भी प्रकार न तो ठहराया जा सकता है, न ही तर्क संगत। सामान्य व मध्यम वर्ग के पारिवारिक वातावरण वाले समाज में इस कथित आधुनिक सोच को कभी मान्यता नहीं दी जा सकती।

हमारे समाज में यूं तो स्त्री या पुरुष कोई भी हो, उसे अपने पति अथवा पत्नी के साथ ही शारीरिक संबंध बनाने की ही मान्यता दी गई है। विवाह पूर्व संबंधों की तो हमारे बुजुर्ग कल्पना तक नहीं कर सकते। ऐसे विवाह पूर्व संबंध प्रायः अपने घर से दूर रहकर पढ़ने या काम करने वाले लड़के-लड़कियां बनाते हैं अथवा होस्टल में रहने वाले छात्र, जिन पर परिवार वालों का अंकुश नहीं रहता। कुछ अति आधुनिक कहलाने वाले परिवारों में युवा होते लड़के-लड़कियों की जीवन शैली में परिवार वाले दखल-अंदाजी नहीं करते। वे दिन हो या रात, कभी भी घर आएं, लेकिन उन पर रोक-टोक नहीं होती। ऐसे युवक युवतियों के प्रायः एक या अनेक लोगों से सेक्स संबंध स्थापित हो जाते हैं।

कुछ लड़कियों के ये संबंध इच्छा पूर्ति, संतुष्टि या आनंद के लिए होते हैं, तो कुछ लड़कियों के संबंध कमाई का जरिया बन जाते हैं, जिसे वह पाकेट मनी कह कर साज-शृंगार या घूमने-फिरने में खर्च करती हैं।

विवाहेतर संबंध

विवाह के पश्चात् किसी भी स्त्री अथवा पुरुष के किसी अन्य से सेक्स संबंध स्थापित हो जाना कोई नई बात नहीं है। प्राचीन काल में राजाओं को जब कोई लड़की पसंद आ जाती थी, तो राजा उसे पटरानी बनाकर उससे संबंध स्थापित करते थे। जिसे समाज मान्यता देता था, क्योंकि राजा सर्वशक्तिमान था। उसके पश्चात् शौकीन पुरुष कोठों आदि पर जाकर पर स्त्रियों से संबंध स्थापित करते थे, ऐसे में पुरुषों को कोई भी इल्जाम नहीं लगाता था। यह दूसरी बात है कि इस प्रकार के संबंध पूरी तरह गुप्त रखे जाते थे। आज स्थितियां बदल गई हैं। आश्चर्य की बात है कि आज हमारे समाज में विवाहेतर संबंधों की संख्या बढ़ रही है और ये संबंध खुलकर सामने आ रहे हैं। बड़े-बड़े नेताओं व सितारों के उदाहरण सामने हैं, जिनके संबंधों की खूब चर्चा भी होती है। इन संबंधों में विशेष बात यह है कि ये संबंध केवल पुरुषों के ही नहीं होते, महिलाओं के द्वारा भी स्थापित होते हैं।

अवैध संबंधों के मूल कारण

यदि इन वर्जित संबंधों के बारे में गंभीरता पूर्वक विचार किया जाए, तो इनके पीछे अवश्य ही कोई-न-कोई महत्त्वपूर्ण कारण होता है। सबसे प्रथम कारण यह है कि यदि पति-पत्नी के दांपत्य में उनके संबंध तनावपूर्ण अथवा कमजोर हों, तो आसानी से पति अथवा पत्नी के पर-स्त्री या पर-पुरुष से सेक्स संबंध स्थापित

हो जाते हैं। ऐसे संबंधों की शुरुआत तो पारिवारिक कारणों से ही होती है, परंतु पति-पत्नी के बीच लुका-छिपी का खेल जैसी स्थिति बनी रहती है। दोनों में से कोई भी ऐसे संबंधों को स्वीकार नहीं करना चाहता। इस बारे में हम देखेंगे कि–

- स्त्रियों के विवाहेतर संबंध स्थापित होने में एक अत्यंत महत्त्वपूर्ण पहलू यह है कि यदि पति बहुत अधिक दिन तक घर या शहर से बाहर रहता है, तो पत्नी को अकेलेपन के कारण साथी या मित्र की तलाश रहती है। यही मित्र या साथी हमदर्दी या सहयोग जताते-जताते स्त्री का दिल भी जीत लेता है और उनके शारीरिक संबंध स्थापित हो जाते हैं।
- ठीक इसके विपरीत जो पुरुष कार्य के सिलसिले में कई दिन बाहर रहते हैं, वे भी ऐसे संबंध बनाने से नहीं चूकते। शहर से बाहर अनजान जगह पर न तो पत्नी या परिवार का डर रहता है, न ही किसी परिचित के मिलने का। ऐसे में पुरुष बेखौफ होकर स्त्रियों से मित्रता व सेक्स संबंध स्थापित कर लेते हैं।
- पति अथवा पत्नी लंबे समय से बीमार हों, तो उनका ध्यान दूसरी ओर जाने से भी संबंध स्थापित हो जाते हैं। यदि पत्नी अधिक समय तक बीमार हो और अस्पताल में या घर में ही बिस्तर पर हो, तो प्रायः कोई परिचित रिश्तेदार महिला जैसे पत्नी की बहन, भांजी, भतीजी या सहेली की सेवाएं मिलना स्वाभाविक है। ऐसे में पति इनके करीब आ जाता है और प्रायः शारीरिक संबंध भी स्थापित हो जाते हैं।
- कई बार पत्नी की सेवा के लिए रखी गई नर्स भी पति की हमदर्द बनकर उसका दिल जीत लेती है और पति के साथ उसके संबंध स्थापित हो जाते हैं। इसी प्रकार यदि पति बीमार हो और अस्पताल में हो, जहां पत्नी को प्रतिदिन आना-जाना पड़ता हो, तो डॉक्टर अथवा पति के मित्र को पत्नी के प्रति हमदर्दी हो जाती है। यदि पत्नी खूबसूरत भी हो तो यह हमदर्दी मित्रता में और फिर मित्रता शारीरिक संबंधों में बदलते देर नहीं लगती। यदि पति की बीमारी लाइलाज हो, तो पति के छोटे या बड़े भाई का साथ-सहयोग भी गलत दिशा में बढ़ सकता है।
- आर्थिक तंगी भी विवाहेतर संबंधों में एक महत्त्वपूर्ण भूमिका निभाती है। यदि परिवार की हालत दयनीय है, पति अधिक नहीं कमाता, तो अधिक कमाने वाला कोई भी व्यक्ति चाहे वह पति का मित्र हो या रिश्तेदार, आसानी से पत्नी का दिल जीत लेता है, जो विवाहेतर संबंध बढ़ाने में सहायक होता है।

- दिहाड़ी मजदूरों, गरीब नौकरों, झुग्गी-झोंपड़ी में रहने वाले लोगों के यहां इस प्रकार के विवाहेतर संबंधों की घटनाएं अकसर ही समाचार पत्रों में पढ़ने को मिलती हैं, जिनकी परिणति लड़ाई-झगड़ा, मारपीट, हत्या आदि में होती है। इन स्थितियों में प्रायः गरीब पति अधिक कमाने के चक्कर में सारा दिन बाहर रहता है और पत्नी का अकेलापन कोई पड़ोसी या हमदर्द बांटता है, जिससे विवाहेतर संबंधों की स्थिति बन जाती है।
- यदि पत्नी कम पढ़ी-लिखी हो या कम सुंदर हो, तो कुछ पति अपनी पत्नी का अपमान करते रहते हैं। उनकी नजरों में पत्नी की इज्जत व अहमियत नहीं होती। इस स्थिति में ऐसे पुरुष स्वयं को बहुत काबिल, गुणी अथवा सुंदर समझते हैं और जान-बूझकर हर स्त्री से आसानी से मित्रता बढ़ाने का प्रयास करते हैं। जिस सुंदर या सभ्य स्त्री की ओर से उन्हें बढ़ावा मिलता है या मित्रता की सीमा का अतिक्रमण हो जाता है, तो उनके सेक्स संबंध स्थापित हो जाते हैं।
- इस प्रकार के बेमेल विवाहों में प्रायः होता यह है कि जब उनका विवाह हुआ होता है, जब पति की आर्थिक स्थिति अथवा नौकरी कम अच्छी होती है। परंतु पति की आर्थिक स्थिति में सुधार होने पर पति को अपनी पत्नी में तरह-तरह के दोष नजर आने लगते हैं। पति को पत्नी असुंदर, असभ्य व अशिक्षित लगने लगती है। उसे पत्नी के साथ किसी उत्सव या पार्टी में जाने में शर्म महसूस होने लगती है। पति को अपने परिचितों से अपनी पत्नी का परिचय कराने में अच्छा नहीं लगता है। वह चाहता है कि उसकी प्रगति के साथ नई स्मार्ट पत्नी उसके साथ पार्टियों में जाए। ऐसे पति अकसर पत्नी से छिप कर दूसरा विवाह तक कर लेते हैं। कुछ पति, पत्नी की जानकारी या रजामंदी से दूसरी स्त्री से मित्रता या शादी कर लेते हैं। पत्नी चाहते हुए भी पति का विरोध नहीं कर पाती। अधेड़ उम्र तक पहुंच चुकी ऐसी पत्नी के लिए पति के अलावा कोई सहारा नहीं होता। वह पति के चरणों की दासी बनकर पति की दूसरी पत्नी को स्वीकार कर लेती है और इसे ही अपना भाग्य मानती है।
- यदि पत्नी अथवा पति को अपनी ही उम्र के किसी व्यक्ति से किसी भी सिलसिले में बार-बार मिलने का अवसर आता है, तो वे एक दूसरे की ओर आकर्षित हो जाते हैं। किसी पर-पुरुष या पर-स्त्री से बार-बार

मिलने के कारण हुआ आकर्षण भी समय के बीतने के साथ बढ़ता जाता है और उनके बीच शारीरिक संबंध कायम हो जाते हैं।

❏ मध्यम वर्गीय परिवारों में प्रायः स्त्रियां विवाह के पश्चात् अपने डील-डौल सुंदरता व स्वास्थ्य की ओर ठीक प्रकार ध्यान नहीं देती और वे बेडौल होकर मोटी हो जाती हैं। कुछ पति अपनी पत्नी को सदैव चुस्त, स्मार्ट और आकर्षक देखना चाहते हैं। ऐसे पति आसानी से दूसरी स्त्रियों से संबंध स्थापित कर लेते हैं।

❏ जो स्त्रियां विवाह के कुछ वर्ष के पश्चात् ही अपने बच्चों व घर-परिवार में रम जाती हैं और पति की स्थिति या शारीरिक संबंधों की ओर ध्यान नहीं देतीं, वे स्त्रियां आसानी से अपना पति खो देती हैं। पति सदैव अपनी पत्नी से ध्यान व प्यार की अपेक्षा करता है। वह घर में पत्नी से संतुष्टि न मिलने पर अन्य स्त्रियों की ओर आकर्षित होने लगता है, जिससे उनके विवाहेतर संबंध होने की संभावना बढ़ जाती है।

❏ धनाढ्य वर्ग में स्त्रियां अपनी गतिविधियां क्लब, किसी पार्टियों या सामाजिक कार्यों में लगा देती हैं, जिससे उनका ध्यान पति की ओर कम रहता है। इस स्थिति में भी पुरुष पराई स्त्रियों की ओर आकर्षित होकर विवाहेतर संबंध बना लेता है।

❏ पति की अत्यधिक व्यस्तता पत्नियों को पर-पुरुष की ओर धकेल सकती है। जिन स्त्रियों के पति सुबह जाकर फिर देर रात तक लौटते हैं, वे स्त्रियां खाली समय बिताने के साधन ढूंढ़ती हैं। कुछ सहेलियां बनाती हैं, जिससे उनके घर का आना-जाना रहता है। खूब शापिंग करती हैं, जिससे उन्हें बाजार आना-जाना पड़ता है। ऐसे में अनेक पुरुषों के संपर्क में आ जाती हैं, जिनकी ओर आकर्षित होकर वे अपनी शारीरिक भूख भी मिटाती हैं और मित्रता बढ़ाकर समय काटने का तरीका भी निकालती हैं।

❏ जो पति अपनी पत्नी को बिलकुल समय नहीं देते, कार्य दिवसों के अतिरिक्त छुट्टी के दिनों में भी कमाने की धुन में कार्य में व्यस्त रहते हैं, उनकी पत्नियां स्वयं को अत्यन्त अकेला महसूस करती हैं। इसके विपरीत कुछ पुरुष भी अत्यधिक व्यस्तता का बहाना बनाकर दफ्तर या होटलों में गुलछर्रे उड़ाते हैं और पर-स्त्रियों से संबंध कायम रखते हैं। ऐसी पत्नी के अकेलेपन में यदि कोई पुरुष अच्छी तरह दो मीठी बातें

कर लेता है, तो पत्नी आसानी से उस पुरुष की ओर आकर्षित हो जाती है।

❑ अत्यधिक व्यस्त पति भी यदि चाहे तो अपनी पत्नी को स्वयं की ओर सदैव आकर्षित रख सकता है। यदि वह वापस आने पर और थका होने पर भी पत्नी से बात करने के लिए समय निकालता है अथवा उसकी भावनाओं की कद्र करता है तथा उसकी बातें भी ध्यानपूर्वक सुनता है।

❑ व्यस्त पति को कमाने में इतना व्यस्त कदापि नहीं हो जाना चाहिए कि पत्नी की किसी प्रकार ध्यान ही न रख सके। छुट्टी के दिन कुछ घंटे पत्नी के साथ अवश्य बिताने चाहिए। कोई भी पत्नी केवल पैसा नहीं चाहती, वह पति का प्यार व ध्यान भी चाहती है। अत्यधिक व्यस्त तथा घर से घंटों बाहर रहने वाले पतियों की पत्नियों के संबंध नौकर, ड्राइवर तथा अपने अधीन कर्मचारियों तक से बनते देखे गए हैं।

❑ ऐसे स्त्री-पुरुषों के दांपत्य संबंध कमजोर हो जाते हैं, जिनके पति अथवा पत्नी शारीरिक संबंधों में विश्वास न करती हो अथवा ऐसे संबंधों में रुचि न दिखाती हो अथवा सेक्स संबंधों के वक्त ठंडापन दिखाती हो अथवा किसी वजह से स्त्री अथवा पुरुष संबंध बनाने में अक्षम हों।

❑ यदि पति-पत्नी एक दूसरे की शारीरिक तथा मानसिक जरूरतों को पूरा नहीं कर पाते अथवा नजरअंदाज करते रहते हैं, इससे उनकी शारीरिक भूख और बढ़ जाती है, वे इसे पूरा करने के रास्ते तलाशने लगते हैं और किसी दूसरे के प्रति आकर्षित होने लगते हैं। ऐसे पति अथवा पत्नी अपनी संतुष्टि के लिए तथा शारीरिक भूख मिटाने के लिए दूसरी स्त्री या पुरुष से शारीरिक संबंध स्थापित कर लेते हैं।

❑ कुछ अति महत्त्वाकांक्षी स्त्रियां पदोन्नति के लिए अपने सहयोगी अथवा बॉस से संबंध बना लेती हैं। हालांकि ऐसी महत्त्वाकांक्षा, उन्हें ऐसे दलदल में फंसा लेती है, जहां से बाहर निकलना उनके लिए मुश्किल ही नहीं, असंभव-सा होता है। उनका पारिवारिक जीवन नष्ट हो जाता है। अनेक मंत्रियों के ऐसे समाचार अखबारों में पढ़ने को मिलते हैं, जहां उनके सेक्रेटरी या निम्न अधिकारी से संबंध बन गए होते हैं। अधिकारियों की अपेक्षा ऐसी स्त्रियों को चरित्रहीनता की बहुत अधिक कीमत चुकानी पड़ती है। उनका जीवन बर्बाद हो जाता है।

❑ कुछ पुरुष जीवन की एक-रसता में यकीन नहीं करते। उन्हें विवाह के

बाद केवल पत्नी से संबंध उबाऊ प्रतीत होने लगते हैं और वे विविधता या नयापन पाने के लिए किन्हीं अन्य स्त्रियों से संबंध स्थापित कर लेते हैं।

- कुछ अति आधुनिक स्त्रियां अपने पति से बराबरी का दावा करती हैं। यदि उनका पति घंटों बाहर रहता है या अनेक सहेलियां बनाता है, तो वे भी बराबरी का दावा कर ऐसे संबंध बढ़ाने में यकीन करती हैं। ऐसी स्त्रियां क्लबों या पार्टियों में सहेलियों के आगे डींग मार कर ऐसे संबंधों का बयान भी करती रहती हैं। ऐसी 'मार्डन' कहलाने वाली स्त्रियां कई पुरुषों से संबंध को 'स्टेटस सिम्बल' मानती हैं।
- कुछ महिलाएं जिनके पति खूब डांट-डपट या झगड़ा करते हैं, जिसके घर में क्लेश का वातावरण रहता है, उससे उपजी खीझ को शांत करने के लिए पर-पुरुष का सहारा ढूंढ़ने लगती है, जिससे वे उनकी ओर आकर्षित होकर संबंध स्थापित कर बैठती हैं।
- कुछ स्त्रियां जिनमें उच्च स्तरीय जीवन जीने की चाह अत्यधिक हो, लेकिन उनका पति वह सब दिला पाने में सक्षम न हो, तो धनवान पुरुषों की ओर वे आसानी से आकर्षित हो जाती हैं। ऐसे पुरुषों से महंगी चीजें उपहार में पाकर स्वयं को गौरवान्वित महसूस करती हैं और जल्दी ही उनके मोहपाश में बंधकर स्वयं को उनके आगे समर्पित कर देती हैं। ऐसी स्त्रियां प्रायः धनवान पुरुषों की तलाश में रहती हैं।
- पति-पत्नी की आयु में यदि बहुत अधिक अंतर हो, तो विवाह के 10-12 वर्ष पश्चात् ही प्रायः पति स्वयं को थका-थका व बूढ़ा महसूस करने लगता है और पत्नी स्वयं को जवान व आकर्षक महसूस करती है। ऐसे पति प्रायः पत्नी को संतुष्ट करने में असफल रहते हैं और पत्नी पराए पुरुष की ओर आकृष्ट होने लगती है, जो उसका हमउम्र हो या उससे छोटा हो, यही आकर्षण शारीरिक संबंध का कारण बनता है।

अंत में यही कहा जा सकता है कि ऐसे विवाहेतर संबंध परिवार की सुख शांति नष्ट कर देते हैं औरं पारिवारिक कलह को जन्म देते हैं। इन संबंधों से किसी को भी निश्चित तौर पर सुखी नहीं बनाया जा सकता। ऐसे संबंध परिवार व दांपत्य में ऐसी दरार ला देते हैं, जो धीरे-धीरे बढ़ती ही जाती है और एक दिन पति-पत्नी को अलग कर देती है।

कहा जाता है कोई भी स्त्री अपने पति की हर कमी बरदाश्त कर सकती है, परंतु पति के पर-स्त्री से संबंध कभी बरदाश्त नहीं कर सकती। इसी प्रकार पुरुष

स्वयं चाहे कितने भी संबंध बनाने का शौकीन हो, परंतु पत्नी के किसी अन्य पुरुष से संबंधों को हरगिज बरदाश्त नहीं कर सकता। यह संबंध तो एक प्रकार से दीमक की तरह है, जो संबंधों की दीवारों को खोखला कर उन्हें आसानी से गिरा देती है।

पति-पत्नी का अनुशासित दांपत्य ही उन्हें सुख प्रदान कर सकता है। हमारा समाज किसी भी प्रकार के विवाहेतर संबंध को मान्यता नहीं दे सकता। वैसे भी ये संबंध किसी प्रकार के सुखों की गारंटी नहीं हो सकती।

ऐसे स्त्री या पुरुष का कभी यकीन नहीं किया जा सकता, जो पर-पुरुष या पर-स्त्री से संबंध बढ़ाते हैं। जो व्यक्ति अपनी पत्नी या पति को धोखा देकर किसी दूसरी स्त्री-पुरुष से संबंध स्थापित कर सकता है, उसकी क्या गारंटी है कि वह इस नए संबंध वाले स्त्री या पुरुष को धोखा नहीं देगा। यह तो एक प्रकार का मायावी जाल है, जिसमें फंसकर मनुष्य कहीं का नहीं रहता, उसे समाज में बदनामी के सिवा कुछ नहीं मिलता।

मनोवैज्ञानिकों का कहना है कि विवाहेतर संबंध बनाने में पहल प्रायः पुरुष ही करता है, वही दांपत्य तोड़ने का साहस अधिक कर पाता है। परंतु इस बात से इनकार नहीं किया जा सकता कि जब तक विवाहित पुरुष को किसी स्त्री की स्वीकृति की प्रतिक्रिया नहीं मिलती, तब तक वह ऐसे संबंध स्थापित नहीं कर सकता।

ऐसे संबंधों से कभी किसी का भला न तो हुआ है और न ही होगा। पति-पत्नी को मात्र आवश्यकताओं के आधार पर नहीं, वरन भावनाओं व संवेदनाओं के आधार पर संबंधों को दृढ़ बनाने का प्रयास करना चाहिए, जिससे वे आदर्श पति-पत्नी बन कर सुखी वैवाहिक जीवन व्यतीत कर सकें।

सुखी पारिवारिक दांपत्य से बढ़कर दुनिया में कोई दूसरा सुख नहीं है। किसी भी स्त्री या पुरुष से मित्रता करने में कोई बुराई नहीं है, परंतु वह मित्रता मर्यादा के दायरे में ही होनी चाहिए।

देवर-भाभी के रिश्ते कितने नाजुक

देवर-भाभी की छेड़छाड़ मर्यादा न लांघे

देवर-भाभी का रिश्ता एक छेड़छाड़ भरी स्नेहिल अंतरंगता का रिश्ता माना जाता है। भाभी मजाक में देवर से अथवा देवर भाभी से हंसी-मजाक में कुछ कह दे या खिंचाई कर दे, तो इसे परिवार में बुरा नहीं समझा जाता। जब कि प्राचीन काल में कुछ लोगों ने भाभी को मां का दर्जा दिया है। इस हिसाब से देवर भाभी के चरणों में सिर नवा सकता है, उनकी आज्ञा का पालन कर सकता है, परंतु उनसे हंसी-ठिलोली नहीं कर सकता। इस प्रकार वह भाभी को मां के आदर्श रूप में ही देख सकता है। इसका उदाहरण रामायण के लक्ष्मण का लिया जा सकता है, जिन्होंने अपने भाई राम की पत्नी सीता में सदैव मां के ही दर्शन किए।

आज समय के साथ विचारधारा में भी परिवर्तन आया है। कहीं-कहीं आज भी देवर अपनी भाभी को बड़ा मानकर बहुत इज्जत देते हैं। लेकिन सामान्यता अनेक घरों में देवर-भाभी का हंसी-मजाक और छेड़छाड़ का रिश्ता बन जाता है। भाई का विवाह होते ही भाभी से हरदम देवरों की छेड़छाड़ बनी रहती है। वे कभी झूठ बोलकर भाभी को छेड़ते हैं, तो कभी उनकी चीजें छुपा कर।

रंजन अपनी भाभी का एकमात्र लाडला देवर है। वैसे भी घर में छोटा है, अतः जब से कंचन उसकी भाभी बन कर आई है, हरदम भाभी को छेड़ता रहता है। उस दिन कंचन के मायके का पत्र आया, तो रंजन ने कंचन को उस पत्र के लिए पूरे घर में खूब दौड़ाया, जब वह थक गई 15-20 मिनट बाद, तब कंचन के हाथ में स्वयं पत्र जाकर थमा दिया। कंचन ने प्यार से रंजन की पीठ थपथपा दी। घर में कंचन की सास, ननद, सभी तमाशा देख रहे थे और उनकी हंसी-मजाक का आनंद ले रहे थे।

देवर-भाभी में इस प्रकार की मीठी छेड़छाड़ हो, तो प्रायः घर में किसी को किसी प्रकार की आपत्ति नहीं होती। लेकिन जब यही छेड़छाड़ बढ़ने लगती है,

जिसमें कभी देवर भाभी का हाथ पकड़ लेता है और कभी देवर भाभी की अनावश्यक तारीफ करने लगता है, तो यही छेड़छाड़ घर वालों को अखरने लगती है। ऐसे में पति को अपने भाई पर प्यार नहीं क्रोध आता है और वह अपना क्रोध बिना बात पत्नी पर उतार बैठता है।

ऐसी स्थिति में यदि पत्नी के व्यवहार पर शक करने लगे या बार-बार बेवजह डांटने लगे, तो पत्नी पर इसका उलटा असर पड़ने लगता है। वह पति से खिंची-खिंची रहने लगती है और देवर के प्रति अधिक आसक्त हो सकती है। स्त्री को चाहिए कि वह अपने देवर से हंसी-मजाक सदैव सीमित दायरे में रहकर ही करे, ताकि परिवार के सदस्यों को किसी प्रकार की आपत्ति न हो।

असल में देवर किसी भी स्त्री के लिए छोटे भाई के समान होता है। परंतु जिस तरह एक लड़की अपने छोटे भाई से अधिकार पूर्वक अपने काम करवाती है या लड़ाई करती है या रौब चलाती है, उस तरह का रिश्ता वह देवर के साथ चाह कर भी नहीं रख सकती। देवर से वह छोटे भाई की भांति हंसी-मजाक कर सकती है, उसके सारे काम कर सकती है, लेकिन अपने छोटे भाई की भांति रौब नहीं गांठ सकती। उसके ऐसा व्यवहार करते ही सास-ससुर, जेठ-जेठानी, ननद, पति सभी को क्रोध आने लगेगा।

स्त्री को चाहिए कि वह अपने देवर से संयमित व्यवहार रखे। उससे हंसी-मजाक करे, लेकिन सीमित दायरे में रहकर। देवर यदि पति से कुछ वर्ष ही छोटा है, तो उससे अत्यधिक स्नेह, प्यार, छेड़छाड़ या अंतरंगता परिवार में किसी को अच्छी नहीं लगती। और यदि परिवार वाले खुले विचार के हों और इन संबंधों का बुरा न मानें, तो भी बहुत अधिक अंतरंगता अच्छी नहीं, क्योंकि समाज के लोगों की अंगुलियां आप पर उठने लग सकती हैं।

प्रायः रिश्तेदार, पड़ोसी या मोहल्ले वाले, तो ऐसे अवसरों की ताक में रहते हैं कि कब किस पर कीचड़ उछाली जाए और चटखारे ले-लेकर उसकी चर्चा की जाए। भाभी को देवर से हंसी-मजाक करते देख लोग बिना बात ही जल उठते हैं और पति के कान भरने लगते हैं।

भाभी को सदैव इस बात से बचना चाहिए कि देवर से अकेले में ज्यादा हंसी-मजाक हो, या हाथ पकड़कर या एक दूसरे से सटकर बैठने का अवसर प्राप्त न हो। कभी-कभी भाभी के मन में गलत बात न होने पर भी देवर मौका पाकर आपसे गलत व्यवहार कर सकता है अथवा आपकी बातों का गलत मतलब निकाल सकता है।

देवर से गलत संबंध रखने का अर्थ है कि आप अपने वैवाहिक जीवन को तबाह कर रही हैं। भाई आपके पति को कितना भी प्यारा हो, वह यह हरगिज बरदाश्त नहीं करेगा कि आप उससे ज्यादा उसके भाई का ध्यान रखें। अतः हर भाभी को संबंधों के महत्त्व को समझकर ही देवर से एक सीमित दायरे में संबंध रखने चाहिए।

देवर यदि उम्र में भाभी से बहुत छोटा है, तो भी भाभी को उससे स्नेह रखने के साथ-साथ रिश्ते के अनुसार व्यवहार करना चाहिए। अधिक छोटे देवर से अत्यधिक खुलापन भी भविष्य में खतरनाक हो सकता है। कुछ वर्षों बाद ज्यों ही वह बड़ा होगा, वह आपकी तरफ आकर्षित हो सकता है। कहने का तात्पर्य यही है कि देवर-भाभी के रिश्ते की गरिमा तभी बनी रह सकती है, जब दोनों एक दूसरे का सम्मान करें, साथ ही खुले दिल से एक दूसरे से हंसी-मजाक करें।

ननद-भाभी के रिश्ते

ननद-भाभी में आपसी सहयोग कितना जरूरी

हर स्त्री को विवाह के पश्चात् नए संबंधों में बंधना होता है, जिसमें पति के अतिरिक्त उसके नजदीकी रिश्तेदार होते हैं। ये संबंध स्त्री को नए अनुभव कराते हैं। अपना घर-परिवार छोड़कर आई नववधू को पति की मां यानी सास में मां का प्रतिबिंब नजर आता है, तो पति की बहन यानी ननद में बहन का प्रतिरूप दिखाई देता है। देवर में एक छोटे भाई की छवि दिखलाई पड़ती है।

यदि नववधू के अनुभव इन नए रिश्तों के प्रति सुखद हों, तो वह अपनी पुरानी यादें व मायका शीघ्र ही भुला देती है। परंतु हमारी सामाजिक स्थितियों में स्थितियां प्रायः भिन्न होती हैं। सगाई के समय जो सास व ननद बहुत प्यारी व अपनत्व की भावना वाली दिखाई दे रही होती है, विवाह होते ही उनका दूसरा रूप दिखाई देने लगता है। अतः हर स्त्री को इस नाजुक रिश्ते को बहुत सावधानी पूर्वक निभाना आवश्यक है।

कोई भी स्त्री अपनी ससुराल में तभी सुखी रह सकती है, जब उसका पति व सास-ननद उससे खुश हों। ससुराल के पारिवारिक वातावरण में सास की अत्यंत अहम व शीर्ष भूमिका होती है। उस महत्त्वपूर्ण रिश्ते से एक अति महत्त्वपूर्ण कड़ी और जुड़ी रहती है और वह होती है ननद की। ननद किसी भी परिवार का ऐसा अभिन्न अंग होती है, जो परिवार में लोगों को जोड़ने अथवा तोड़ने का कार्य करती है। यदि किसी विवाहित स्त्री ने अपनी ननद का दिल जीत लिया, तो समझो ससुराल में आधी से अधिक बाजी मार ली।

प्रायः परिवारों में बेटियां अपने पिता व भाइयों की खूब लाडली व सिरचढ़ी होती हैं। वे अपनी बात मनवाना भी खूब जानती हैं। भाभी के घर में आ जाने पर वे उसी हक का इस्तेमाल करते हुए नाजायज लाभ उठाती हैं। अपने भाई को तो भाभी के बारे में भड़काती ही हैं, मां को भी उलटा-सीधा पाठ पढ़ाने से नहीं चूकतीं।

आधुनिक परिवारों में प्रायः एक बेटा और एक बेटी ही होते हैं, इसलिए व्यावहारिक रूप से बहू को एक ननद हमउम्र रिश्तेदार के रूप में मिलती है, जो पति से कुछ छोटी या कुछ बड़ी होती है।

चूंकि बहू के ऊपर सर्वाधिक महत्त्वपूर्ण अधिकार सास का ही होता है। अतः सास को किसी प्रकार भड़काने, उकसाने या प्रशंसा करने का कार्य जितनी बखूबी ननद कर सकती है और कोई नहीं कर सकता। ननद एक प्रकार से बहू व सास के बीच की कड़ी होती है। इसलिए हर स्त्री का आवश्यक कर्तव्य बन जाता है कि वह अपनी ननद को खुश रखने का प्रयास करे।

जिस प्रकार किसी भी बहू के लिए सास को खुश रखना बहुत कठिन कार्य होता है, ठीक उसी प्रकार ननद को खुश करके अपनी तरफ मिलाना और भी कठिन कार्य होता है।

ननद विवाहित हो अथवा अविवाहित हर दृष्टि से उसका परिवार में एक महत्त्वपूर्ण स्थान होता है। अविवाहित ननदें प्रायः भाभी के कार्यों में मीन-मेख निकालकर उन्हें परेशान कर देती हैं। जब कि विवाहित ननदें अपनी भाभी से किसी-न-किसी प्रकार के उपहार, साड़ी, आभूषण आदि की कामना करती रहती

हैं। भाभी यदि नवविवाहित हो, तो उनकी अपेक्षा यही रहती है कि भाभी अपने मायके से उनके लिए अच्छी साड़ी व उपहार लाकर दे। यदि भाभी के विवाह के कुछ वर्ष बीत चुके हैं, तो ननद की भाभी से यह अपेक्षा रहती है कि वह भैया को राजी करके अथवा भैया की चोरी से पैसे बचाकर उन्हें अच्छे उपहार तथा घर गृहस्थी का नया सामान आदि लाकर देती रहे।

दहेज प्रथा की पृष्ठ-भूमि में भी प्रायः ननद की भागीदारी अधिक रहती है। विवाह योग्य ननद के विवाह में दी जाने वाली वस्तुओं की प्राप्ति की इच्छा बहू के मायके से ही की जाती है।

अविवाहित ननद व भाभी के संबंध

किसी भी बहू को अपनी ससुराल में बराबर की ननद पाकर बड़ी खुशी होती है। वह सोचती है कि उसे अपनी सहेली या बहन मिल जाएगी, जिससे वह अपनी भावनाओं को व्यक्त कर सकेगी। अपनी खुशियां बांट सकेगी व परेशानियां बता सकेगी। परंतु प्रायः ननद एक बहन या सहेली बनने से इनकार कर देती है। वह एक ननद का रोल ही करना अधिक पसंद करती है।

एक तेज-तर्रार ननद अपनी भाभी की गतिविधियों पर नजर रखकर उनकी सूचना अपनी मां या भाई तक पहुंचाती है। वह किसे फोन करती है, खाली समय में क्या करती है, अपने कमरे में बैठकर क्या करती है, क्या खाती है, इन सबकी खोज-खबर प्रायः ननद ही रखती है। भाभी के भोजन बनाने की विधियों में नुक्स निकालना, घर के कार्यों में हाथ न बटाने की शिकायत प्रायः ननदें ही करती हैं।

यदि भाभी अपने मायके से अपने या सास-ननद के लिए कोई वस्तु लाई है, तो उसमें मीन-मेख निकालकर बुरा बताने के कार्य में ननद प्रायः माहिर होती है।

इस प्रकार के व्यवहार में भाभी व ननद के रिश्तों में कटुता आ जाती है। यही कटुता यदि बढ़ जाए और विकराल रूप धारण कर ले, तो दहेज के नाम पर अथवा किसी बहाने बहू को मार डालने तक के समाचार देखने-पढ़ने को मिलते हैं।

भाभी के रूप में आपके दायित्व

चूंकि ससुराल में बहू ही पराए घर से आई होती है। परिवार के अन्य सदस्य चाहे वह सास, ननद, देवर या पति हो, घर का ही एक हिस्सा होते हैं। अतः बहू को बहुत ही सोच-समझकर और अच्छा व्यवहार करना चाहिए। यदि वह कुछ बातों

का ध्यान रखे, तो ननद को खुश रख सकती है। यदि ननद बहुत तीखी न हो, तो भाभी भी ननद की चहेती बन सकती है। इस रिश्ते को कुछ इस तरह देखें–

- ससुराल में आते ही, नई नवेली बहू को अपनी ननद को बहन के समान समझना चाहिए और इसी प्रकार का व्यवहार करना चाहिए।
- बहू को सास या पति से ननद की शिकायत अथवा बुराई नहीं करनी चाहिए।
- यदि पारिवारिक परिस्थितियों में संभव हो, तो बहू व ननद बाजार में शापिंग करने साथ जाएं।
- नई बहू अपने पति के साथ फिल्म देखने जाते समय कभी-कभी ननद को भी साथ ले जाए।
- खाली समय में बैठ कर भाभी यानी बहू अपनी ननद से बातें करे, ताकि वह ननद की आदतों व इच्छाओं से भली-भांति परिचित रहे और उसके अनुसार ही अपना व्यवहार संतुलित रखे।
- बहू अपनी ननद की पसंद के कपड़े, मेकअप का सामान या आभूषण आदि अपनी क्षमतानुसार कभी-कभार लाकर दे सकती है।
- यदि ननद को बनाव-श्रृंगार का अधिक शौक हो, तो बहू उसे श्रृंगार से संबंधित सामान लाकर देने के अतिरिक्त अपनी चीजें भी प्रयोग करने की छूट दे सकती है। इससे ननद को भाभी से अपनापन प्रतीत होता है। जिस प्रकार प्रायः बहनें अपना सामान एक दूसरे को देने में नहीं हिचकिचातीं, उसी प्रकार का व्यवहार ननद के साथ होना चाहिए।
- भाभी को अपनी ननद की पसंद की चीजें बनाकर खिलानी चाहिए, इससे उनमें आपसी तालमेल बढ़ेगा। जैसे यदि ननद को चाय पीने का या गर्मागर्म भोजन खाने का शौक है, तो भाभी अपनी ननद के शौक का ध्यान रखकर उन्हें पूरा कर सकती है।
- ननद की सहेलियों के घर आने पर उनकी ठीक प्रकार खातिरदारी करना भाभी का कर्तव्य भी है और अच्छे संबंध बढ़ाने में सहायक भी।
- ननद यदि कॉलेज में पढ़ रही है, तो यदि संभव हो तो पढ़ाई से संबंधित किसी प्रोजेक्ट आदि में भाभी ननद की मदद कर सकती है।
- भाभी को अपनी ननद से इस प्रकार के प्यार-भरे रिश्ते बनाने चाहिए कि ननद अपनी भाभी को अपने दिल के करीब समझे और अपने दिल के हालात व निजी बातों का जिक्र भी कर सके।

- यदि कॉलेज में पढ़ने वाली या नौकरी करने वाली ननद थकी हुई घर लौटी है, तो भाभी को उससे काम में सहयोग की अपेक्षा नहीं करनी चाहिए।

ननद के रूप में आपके दायित्व

जिस प्रकार भाभी के लिए ननद का दिल जीतना महत्त्वपूर्ण होता है, ठीक उसी प्रकार एक ननद को भी अपनी भाभी को खुश करने का प्रयास करना चाहिए। यदि भाभी खुश रहेगी, तो वह ननद के भैया का व मां का खूब खयाल रखेगी और घर में सुख-शांति बनी रहेगी। ननद को निम्न बातों का ध्यान रखना चाहिए–

- अपनी भाभी को बात-बात पर ताने न मारे। टोन्ट करने या ताने मारने से रिश्तों में कटुता आकर आपसी दूरी बढ़ती है।
- भाभी को यदि नए घर के अनुसार कार्य करना नहीं आता, तो ननद को मीन-मेख नहीं निकालनी चाहिए। यदि हो सके तो उसे वे कार्य सिखाने का प्रयास करना चाहिए।
- भाभी की गलतियों की शिकायत ननद को मां, भाई या पिता से नहीं करनी चाहिए। कोई छोटी-मोटी गलती हो, तो छुपाने या एवोइड करने का प्रयास करना चाहिए, अन्यथा गलती को सुधार करने का मौका भाभी को देना चाहिए। गलतियों की शिकायत या बढ़ा-चढ़ाकर बताने से ननद भाभी में कभी आसानी से तालमेल नहीं बैठ सकता।
- यदि भाभी अपने पति यानी ननद के भैया के साथ अकेले घूमने जाना चाहती है, तो ननद को हरदम कवाब में हड्डी नहीं बनना चाहिए और उन्हें अकेले घूमने जाने का मौका देना चाहिए। यदि भाभी अधिक जिद करे, तो एकाधबार जाने में कोई हर्ज नहीं है।
- छिप-छिपकर भाभी की जासूसी करना व नमक-मिर्च लगाकर घर में बताना खतरनाक भी हो सकता है और गलत संबंधों की शुरुआत भी।
- भाभी की आदतों व शौक का ननद को खूब खयाल रखना चाहिए।
- यदि भाभी नौकरी करती है, तो उसके लौटकर आने पर ननद को एक कप चाय प्रस्तुत करने पर भाभी खुशी से फूली नहीं समाती।
- भाभी घर में व रसोई में काम कर रही हो, तो उसके कार्यों में सहयोग देना चाहिए।

- भाभी के व्यस्त होने पर उनके बच्चों यानी अपने भतीजे-भतीजी की देखभाल करके ननद भाभी को खुश कर सकती है।
- कभी भाभी की पसंद की लिपस्टिक का शेड या अन्य कोई वस्तु उपहार में ला कर दे सकती है।

विवाहित ननद व भाभी के संबंध

प्रायः ससुराल में बहू से झगड़ों की जड़ ननद में छिपी रहती है। जहां अविवाहित ननद घर में ही रहकर भाभी के स्वाभिमान को ठेस पहुंचा कर झगड़ा कराती है, वहीं विवाहित ननदें उससे भी दो कदम आगे रहती हैं। वे साल-छः महीने बाद मायके आती हैं, लेकिन इतने अंतराल में आने पर भी भाभी के खिलाफ षड्यंत्र रच जाती हैं। महानगरों या बड़े शहरों में प्रायः अनेक ननदें विवाह के पश्चात् उसी शहर में रहती हैं। ऐसी ननदें पढ़ी-लिखी होते हुए भी प्राचीन अशिक्षितों की भांति अपनी भाभी को परेशान करती हैं और उन्हें ताने मारने में पीछे नहीं रहतीं। वे टेलीफोन द्वारा अपनी मां से घंटों बात करके दिन-प्रतिदिन की गतिविधियों की जानकारी रखती हैं और अपने नए-नए फार्मूले अपनी मां को सुझाती रहती हैं। मसलन् 'भाभी रोज देर से उठती है, तो मां कल से तुम उसे यह कह देना या भैया को यूं बता देना...वगैरा, वगैरा।'

दहेज जैसी समस्या की जड़ में भी अकसर विवाहित ननद मुख्य कारण बनती है। उसे अपने घर-परिवार के लिए घर-गृहस्थी के सामान की आवश्यकता होती है। ऐसे में ननद चाहती है कि उसकी भाभी अपने मायके से उसके लिए ऐसे सामान लाकर दे।

वैसे भी ससुराल में अकसर बहू से अपेक्षा रहती है कि बहू जब भी मायके जाए, ससुराल के लिए सामान व सास-ननद के लिए साड़ी आदि लेकर आए। सास की अपेक्षाएं तब और बढ़ने लगती हैं, जब उनकी बेटी यानी बहू की ननद अपनी मां को उकसाकर आग में घी डालने जैसा कार्य करती है।

इस प्रकार के कड़वाहट-भरे रिश्तों से भाभी और ननद में दूरियां बढ़ती हैं और किसी भी प्रकार का आपसी तालमेल नहीं रह पाता। भाभी अपनी ननद के आने पर खुश होने की बजाए भीतर-ही-भीतर कुढ़न महसूस करती है। उसे लगता है कि अब उसकी मुसीबतें बढ़ने वाली हैं।

रिश्तों को बेहतर बनाने की दिशा में पहल तो भाभी को ही करनी पड़ती है, लेकिन ननद को भी अपनी भाभी के प्रति नजरिए में बदलाव लाकर प्रेम प्रदर्शित

करना पड़ता है। यह प्रेम यदि बना रहे, तो भाभी व विवाहित ननद दोनों अपने घर में सुखी रह सकती हैं।

विवाहित ननद भी यदि भाभी से खुश रहे, तो भाभी को अनेक समस्याओं व परेशानियों से निजात दिला सकती है। उसकी बात प्रायः घर के सभी सदस्य मानते हैं। यदि विवाहित ननद अपनी भाभी की प्रशंसा करती है, तो भाभी को सर्वत्र प्रशंसा मिलती है, चाहे वह किसी रिश्तेदार के यहां करे या किसी पड़ोसी या परिचित के यहां। हर स्त्री को भाभी के रूप में अपनी ननद को खुश रखने का प्रयास करना चाहिए।

यूं तो किसी भी व्यक्ति को खुश करने के लिए तैयार फार्मूला नहीं निकाला जा सकता, तथापि कुछ बातों का ध्यान रखा जा सकता है–

1. विवाहित ननद के आने पर भाभी दिल से प्रसन्नता जाहिर करे और खुले दिल से उसका स्वागत करे।
2. ननद की खूब खातिरदारी करे।
3. कभी-कभी ननद को व उनके बच्चों को उपहार अवश्य दें। उपहार में साड़ी, कपड़े खिलौने, घरेलू सामान आदि कोई भी वस्तु हो सकती है।
4. भाभी को ननद के साथ बैठकर खुले दिल से बात करनी चाहिए, ताकि एक दूसरे की आदतों आदि से भली प्रकार परिचित हो सकें और एक-दूसरे की व्यक्तिगत बातों को जानकर, एक-दूसरे की परेशानियां समझ सकें।
5. भाभी को अपनी ननद के बच्चों को खूब लाड़-प्यार देना चाहिए।
6. ननद की प्रशंसा भी ननद को खुश कर सकती है।

इसी प्रकार विवाहित ननद को अपनी भाभी का दिल खुश करने का प्रयास करना चाहिए। उसके लिए यह खुशी की बात होनी चाहिए कि उसके भाई का घर बस जाए और भाई सुखी रहे। यदि भाभी खुश और सुखी होगी, तो वह पति, बच्चों व ससुराल के अन्य सदस्यों की ठीक प्रकार देखभाल कर सकेगी, उनका दायित्व उठा कर घर के हर कार्य में हाथ बंटाएगी। यदि ननद भाभी को परेशान करेगी, तो इसका अर्थ होगा कि वह अपने भाई का घर उजाड़ रही है।

इस प्रकार ननद व भाभी दोनों को अपनी-अपनी जिम्मेदारियां समझते हुए आपसी तालमेल बिठाना चाहिए।

देवर-जेठ से रिश्ते

पति की भाइयों से अनबन और पत्नी का दायित्व

स्त्री किसी भी परिवार में सुख-शांति ला सकती है अथवा कलह करा सकती है। आज के बदलते परिवेश में संयुक्त परिवार टूटते जा रहे हैं। उनका स्थान एकल परिवार लेते जा रहे हैं। हर व्यक्ति अपनी व्यक्तिगत जिंदगी व अपने परिवार को सुखी देखना चाहता है, चाहे इसके लिए भाई को भाई से ही दूर क्यों न करना पड़े।

आज अकसर सुनने में आता है कि दो भाइयों में संपत्ति को लेकर विवाद हो गया अथवा व्यापार में एक दूसरे से झगड़ा हो गया या आर्थिक लाभ/हानि के लिए एक दूसरे को जिम्मेदार बताते हुए अनबन हो गई।

जिस प्रकार प्रायः सभी घरों में सास-बहू, पति-पत्नी के झगड़े सुनने को मिलते हैं, ठीक उसी प्रकार भाइयों की आपसी तकरार सुनने को मिलती है। कुछ भाई साथ रहते हुए हर रोज झगड़ते रहते हैं, कुछ में व्यापार साथ में होने पर भी विचार न मिलने के कारण झगड़ा होता है, तो कहीं-कहीं भाइयों का आपसी प्रेम देखते ही बनता है।

यदि भाई-भाई में अनबन रहती है, तो पत्नी की भूमिका बहुत महत्त्वपूर्ण हो जाती है। यदि पत्नी सुघड़ विचारों वाली समझदार स्त्री हो, तो भाइयों में सुलह करा सकती है और घर में शांति स्थापित करा सकती है।

यदि दोनों भाई शादी-शुदा हों, तो दोनों पत्नियों की घर में सुलह-शांति रखने के लिए सबसे जरूरी बात यह याद रखनी चाहिए कि वे आपस में एक दूसरे से ईर्ष्या-वैमनस्य न रखें। एक दूसरे की स्थिति को समझते हुए एक दूसरे से सहयोग करें व आपस में लड़ाई-झगड़ा न करें।

हर पत्नी का कर्तव्य यह है कि वह अपने पति का साथ दे, लेकिन इसका तात्पर्य यह नहीं कि वह पति को उसके भाई के विरुद्ध उकसाए या उसको कोई बड़ी चीज खरीदकर लाने पर ईर्ष्या करे या देवर की शिकायत अपने पति से करे। समझदार पत्नी वही होती है, जो अपने पति का साथ देती है, लेकिन पति के गलत निर्णय लेने पर उसे उसके लिए सही सोचने पर मजबूर करती है। पति के गलत निर्णय लेने पर पत्नी को उसे समझाना चाहिए कि वह अपने भाई के विरुद्ध जो भी कर रहा है, गलत कर रहा है।

यदि दो भाइयों में अनबन है और दोनों की पत्नियां अपने-अपने पति को यही समझाएं कि भाई से अनबन करना गलत है, वह भी अपना भाई है। यदि उसने ज्यादा कमा लिया, ज्यादा खरीद लिया या ज्यादा सुखी हो गया, तो परेशान होने की कोई बात नहीं, यह तो खुशी की बात है कि हमारा भाई सुखी है। यदि किसी वजह से हम सुखी नहीं, तो क्या? भाई तो सुखी है। अपने दुखी होने पर भाई के सुख से ईर्ष्या करना सही नहीं है। एक दूसरे से ईर्ष्या के स्थान पर पत्नियां प्रेम की भावना जागृत कर सकती हैं।

प्रायः होता इसके विपरीत है। जहां भाइयों में अनबन शुरू हुई, पत्नियां अपने पति को दूसरे भाई के खिलाफ भड़काना शुरू कर देती हैं कि भाई ने उससे ऐसा कहा, उसके बच्चे से इस तरह बोला। इस प्रकार की शिकायत आग में घी जैसा कार्य करती है। यह अनबन लड़ाई में परिवर्तित हो जाती है। कहीं तो यह लड़ाई कोर्ट-कचहरी तक भी पहुंच जाती है।

भाइयों की अनबन में पत्नी का दायित्व है कि वह पति को समझाए कि भाई के प्रति नरम रुख अपनाए, वह भी अपना ही हिस्सा है? हम बड़े हैं, हमें गुंजाइश रखनी चाहिए या हम छोटे हैं, अतः हमें बड़े का आदर रखते हुए थोड़ी गुंजाइश रखनी चाहिए। इस प्रकार की सोच भाइयों की विचार-धारा बदल सकती है। उनमें आपसी प्यार की भावना जागृत कर सकती है।

भाइयों के बीच अनबन या फसाद की जड़ पैसा, संपत्ति, ईर्ष्या या बच्चे होते हैं। लेकिन यदि पत्नी समझदार हो, तो ये सभी समस्याएं आसानी से सुलझाई जा सकती हैं। आपसी प्रेम व सद्भाव से बड़ा सुख संसार में कोई नहीं। जितना अपनत्व और प्यार अपने ही भाई से मिल सकता है, वह किसी मित्र या पराए से नहीं। भाई के दिल में भाई के प्रति गहराई में प्यार व संवेदना छिपी रहती है, जबकि दोस्तों, मित्रों का प्यार अकसर दिखावटी व बनावटी होता है। मित्र समय बदलने पर आंख फेर सकता है, भाई-भाई में एक ही खून हैं। वे एक ही परिवार

के हिस्से हैं। यह भावना ध्यान में रखकर ही कोई भी सुलझे हुए विचारों वाली स्त्री अपने पति व उसके भाई की अनबन और कलह को आपसी प्रेम व सद्भावना में बदल सकती है।

किसी भी सुखी और समृद्ध परिवार में भाई और उनकी पत्नियां ही धुरी होती हैं। ये जोड़े ही परिवार की नैया को खेने वाले होते हैं। भाइयों के जोड़े सदा एकता से जुड़े रहें, यह उनकी पत्नियां ही कर सकती हैं। यह उनका दायित्व है।

सास-बहू के रिश्ते

सासु मां : पति के दिल तक पहुंचने का रास्ता

कहते हैं कि किसी भी मां के लिए सबसे कठिन कार्य अपना बेटा किसी दूसरी स्त्री अर्थात् बहू के साथ शेयर करना है। मां को सदैव यही गुमान रहता है कि वह अपने बेटे को बेहतर जानती है, तो क्यों न बहू अपने पति के दिल तक पहुंचने के लिए उसी मां को खुश करे, ताकि वह सीधे पति के दिल में प्रवेश करके वहां एकक्षत्र राज्य कर सके।

यदि बहू अपनी सासु मां को ख़ुश रख पाती है, तो निश्चय ही यह उसकी बड़ी जीत होती है। हर बेटे के मन में अपनी मां की एक अच्छी छवि बनी होती है। आधुनिक समय में अनेक बेटे ऐसे हैं, जो अपनी मां से ग़लत ढंग से बोलने से नाराज़ होने में या ग़लत व्यवहार में नहीं हिचकिचाते, परंतु उनकी पत्नी भी यदि उनकी देखा-देखी कर वैसा ही व्यवहार करने लगे, तो यह उन्हें हरगिज़ बरदाश्त नहीं हो सकता।

आज के समाज में अनेक आधुनिक सासें धारावाहिक 'सास भी कभी बहू थी' की बहू 'तुलसी' जैसी बहू की कल्पना करने लगी हैं, वे चाहती हैं कि उनकी बहू पढ़ी-लिखी व आधुनिक होने के साथ-साथ पारंपरिक भी हो।

आधुनिक सासें प्रायः खूब पढ़ी-लिखी व मॉडर्न सासें हैं। बहू उनके साथ घूमने जाए या उन्हें लिपस्टिक का नया शेड लाकर दे अथवा किसी विदेशी कंपनी की फाउंडेशन क्रीम या मस्कारा लाकर दे, निश्चय ही सासु मां को अपनी बहू के हाथों ये चीजें पाकर बहुत ख़ुशी होती है।

कुछ सासें ऐसी भी होती हैं, जिनके लिए बहू चाहे अपनी आदतें बदले, इच्छाएं बदले, उनकी इच्छानुसार कार्य करे, उनकी पसंद के पकवान उन्हें खिलाए, लेकिन वे मीन-मेख निकाले बिना नहीं रह सकतीं। बहू की प्रशंसा तो दूर, उसकी बुराई अवश्य करेगी।

मनोवैज्ञानिकों का मानना है कि हर रिश्ते के बीच की महत्त्वपूर्ण कड़ी आपसी व्यवहार व संवेदना है। इसी कारण कई बार किसी स्तर पर किया गया कार्य उतना महत्त्वपूर्ण नहीं होता, जितना कि संवेगात्मक प्रतिक्रिया। सासु मां के दिल को जीतने के लिए उनका विश्वास जीतना बहुत ही आवश्यक है। यदि बहू की सास के साथ इतनी अच्छी पटरी बैठ जाए कि वह अपनी पसंद-नापसंद बहू को बता सके और बहू अपनी पसंद-नापसंद उन्हें बता सके, तो समझो बहू ने जग जीत लिया। ऐसे में बहू पति से भी हर बात आसानी से मनवा सकती है। किसी बात पर यदि पति क्रोध करता है या किसी बात के लिए मना करता है, तो सास बीच में आकर आसानी से सुलह करा के बहू की इच्छित बात पूरी करा सकती है।

कई बार सासु मां का दिल जीतने के लिए बहू के लिए यह आवश्यक नहीं होता कि वह उनकी अंगुलियों पर नाचे या बिलकुल उनके इशारों पर कार्य करे। सासु मां का दिल जीतने के लिए उनके पसंद का भोजन महत्त्वपूर्ण भूमिका निभा सकता है। उनकी जैसी विधि से बना उनकी पसंद का भोजन उन्हें आसानी से ख़ुश कर सकता है। बहू को इस तथ्य का ध्यान रखना चाहिए कि सासु मां को कब, क्या और कैसा भोजन पसंद है।

कुछ मनोवैज्ञानिकों का मानना है कि अपनी इच्छाओं व आदतों को बदलकर सासु मां को ख़ुश करने की कोशिश करना बेकार है। यह एक अवैज्ञानिक तरीका है। क्योंकि यह आवश्यक नहीं कि बहू इस तरह अपने मकसद में सफल हो ही जाए। बहू को चाहिए कि वह अपने विश्वासों के सहारे ही ज़िंदगी जिए। सही चीज़ को सही ही ठहराए। अपनी वास्तविकता व अस्तित्व न खोए, क्योंकि जान-बूझकर बदला गया व्यवहार वैसे भी अधिक दिन तक बरकरार नहीं रखा जा सकता। बेहतर यही है कि अपनी ज़िम्मेदारियों को निभाते हुए सही व्यवहार द्वारा सासु मां को ख़ुश करना चाहिए, ताकि पति भी ख़ुश रह सके।

मधुर बोलें सम्मान पाएं

किसी व्यक्ति की बातचीत उसके व्यक्तित्व का आईना होती है। उसके बात करने का तरीक   ा, भाषा का प्रयोग, शब्दों को नाप-तोलकर बोलना अति महत्त्वपूर्ण होता है। जीवन में अनेक अवसर ऐसे आते हैं, जब आप अपनी ज़ुबान को वश में रखकर बात करें, तो बिगड़ी बात बन जाती है। ठीक इसी प्रकार इसके विपरीत, यदि आपकी ज़ुबान से कुछ कड़वे शब्द फिसल गए, तो आपके जीवन के नज़दीकी रिश्तों में भी कड़वाहट आ जाती है।

ज़ुबान को वश में रखना भी एक कला है। कहते हैं एक चुप सौ को हराए। यह कहावत भी कभी-कभी बिगड़ी बात को बना देती है। सास-बहू के रिश्तों में तो यह अत्यंत महत्त्वपूर्ण होती है कि आप नाप-तोलकर और सोच-समझकर बोलें। चाहे आप सास हों या बहू, यदि आप क्रोध में या तैश में आकर कुछ कड़वी बातें या कड़वे सच बोल जाती हैं, तो अवश्य ही आपके रिश्तों में कड़वाहट आ जाएगी।

स्वीटी एक कामकाजी महिला है। वह शाम को थकी-मांदी घर लौटती है। घर आकर कुछ देर आराम करके घर के कार्यों में लग जाती है। बच्चों का होम वर्क कराती है। रात्रि तक काम में लगी रहती है।

उस दिन की ही बात है, उसकी सास गांव से उसके घर आई हुई थी। शाम को जब स्वीटी घर लौटी, तो बच्चों ने हुड़दंग मचा रखा था, सो घर में ख़ूब गंदगी फैली थी। वह थकी हुई आकर लेट गई। तभी सास ताना मारकर कहने लगी, 'कितनी गंदगी फैला रखी है, मैं अभी साफ   कर देती हूं।'

स्वीटी को सुनकर क्रोध आ गया और बोली, 'हां-हां सारा कूड़ा मैंने ही फैलाया है। मैं हरदम गंदगी ही तो फैलाती हूं। एक तो सारा दिन दफ   तर में सिर खपाओ, घर आकर इनकी खरी-खोटी सुनो।'

सास ने बीच में बहुत बोलने की कोशिश की कि बहू मैंने ऐसा नहीं कहा कि कूड़ा तुमने फैलाया है, परंतु स्वीटी बिना रुके बोलती गई–'मैं तो तंग आ गई हूं। इस घर में तो जीना हराम है।'

आख़िरकार सास उठकर दूसरे कमरे में चली गई, तब थोड़ी देर में स्वीटी चुप हो गई। ऐसे में यदि सास भी कड़ा रुख अपनाकर कुछ कड़वे शब्द बोल देती, तो अवश्य तू-तू मैं-मैं हो जाती और बात झगड़े का रूप ले लेती। यदि स्वीटी थकी थी, तो बस इतना ही कह देती कि मैं थकी हुई हूं। थोड़ी देर में सफ ाई कर दूंगी, तो सास को भी अच्छा लगता। यदि सास चुप न रहती, तो उनके घर में रत्ना के घर जैसी हालत होती। जहां रोज़ तू-तू मैं-मैं होती रहती है। रत्ना किसी स्कूल में अध्यापिका है। स्कूल में बोलने की आदत है और घर पर ख़ूब बोलती है। जवाब देने में रत्ना बहुत तेज-तर्रार है। वह सोचती है कि मैं ख़ुद कमाती हूं। अतः घर में सबको मेरी बात माननी चाहिए। मैं किसी की बात क्यों सुनूं।

रत्ना का भरा पूरा परिवार, पति, सास-ननद सभी उसका ख़ूब खयाल रखती हैं। परंतु फिर भी वह जब-तब बहस शुरू कर देती है, फिर प्रायः नौबत लड़ाई की स्थिति में पहुंच जाती है। एक दिन की बात है, रत्ना के स्कूल की छुट्टी थी। उस दिन रत्ना की ननद रूपा की सहेलियां आ गईं। वे सभी कमरे में बैठी बातें कर रही थीं। कमरे से ख़ूब खिलखिलाहटों की आवाज़ें आ रही थीं।

रूपा ने अपनी सहेलियों को चाय पिलाने के लिए, सोचा कि मां को चाय बनाने के लिए बोल दूं, परंतु मां सोई हुई थी, तो रूपा ने भाभी को चाय के लिए बोल दिया, तो रत्ना तुरंत बोली, 'क्या तुम खुद चाय नहीं बना सकती, या फिर अपनी मां को क्यों नहीं बोलती।' रूपा ने प्यार से कहा, 'भाभी आज आप घर में हैं, तो मैंने सोचा मां को क्यों उठाऊं, आप ही बना दीजिए न चाय।'

बस, रत्ना और रूपा की बहस शुरू हो गई। रत्ना बोली, 'हां, हां तुम्हें तो मेरा घर में बैठना अखरता है, कोई यह तो पूछता नहीं कि मेरा क्या हाल है। मेरा सिर दर्द से फटा जा रहा है, ऊपर से ये चली आई हुक म चलाने।' रत्ना को भी जोश आने लगा, वह बोली, 'सिर दर्द था तो बता देती, इतने-से काम में नखरे दिखा रही हो, तुम्हें तो नखरे दिखाना ही आता है।'

'हां, तुम भी नौकरी करो तो पता लगेगा, कैसे सारा दिन दिमाग़ खपाना पड़ता है। तुम्हारा क्या, कॉलेज में मटरगश्ती की और आ गई।'

'मटरगश्ती करती होगीं आप! नौकरी का रौब किसी और को दिखाइएगा।'

इतने में रत्ना की सास की आंख खुल गई, वह आकर आहिस्ते से बोली–

'कुछ तो शर्म करो बहू, रूपा की सहेलियां सुनेंगी, तो क्या कहेंगी।'

सुनकर रत्ना बोली, 'आप भी रूपा की ही तरफ दारी करेंगी और आपसे उम्मीद ही क्या की जा सकती है?'

इसी तरह घंटों बहस चलती रही, ऐसे में कोई भी एक चुप होने की कोशिश करता, तो बात ख़त्म हो जाती। परंतु उनके घर में तो ऐसा नज़ारा रोज़ ही होता है। कौन समझाए उन्हें कि एक चुप रहकर सौ को हरा सकती है।

सास-बहू के रिश्तों में एक दूसरे की इज्ज़त करना अत्यंत महत्त्वपूर्ण है। परंतु इज्ज़त के साथ-साथ यह बात भी मायने रखती है कि आप एक दूसरे से अपशब्द न बोलें, न तो सास बहू को बात-बात पर खरी-खोटी सुनाए, न ही बहू सास को पलट कर जवाब दे। यदि किसी बात पर सास ने बहू से कुछ जली-कटी कह दी, तो बहू को चाहिए कि वह उन बातों को शांति से सुनकर चुप रहे। वह देखेगी कि कुछ देर बाद सास स्वयं चुप हो जाएगी और बात वहीं ख़त्म हो जाएगी।

प्रायः सासें अपने मायके की तो तारीफ करते नहीं थकतीं, परंतु जहां बहू ने अपने मायके का ज़िक्र भी किया कि सास ने कुछ-न-कुछ शब्दों के बाण छोड़ने आरंभ कर दिए—तुम्हारा बाप तो इतना कंगला है, उसने यह भी नहीं सोचा कि इस त्योहार पर इतना-सा भेजते क्या अच्छा लगेगा। मेरे लिए ऐसी साड़ियां उठा कर भेज देता है, जिन्हें मेरी नौकरानी तक न पहने।

ऐसे में बहू यदि जवाब देगी, तो अवश्य ही लड़ाई की स्थिति पैदा हो जाएगी। तेज़-तर्रार बहुएं अपने शब्दों के बाणों द्वारा अपनी सास या ननद को बेधती रहती हैं। कुछ स्त्रियां तो ऐसे में अपने पति तक की बुराई करने में पीछे नहीं रहतीं, तो कुछ घरों में सासें अपना अधिकार जमाने के लिए अथवा बहू को वश में रखने के लिए शब्दों का जाल बुनती रहती हैं। वे कभी भोजन में कमी निकालती हैं, तो कभी बच्चों की देख-रेख में नुक्स निकालती हैं।

इन सभी स्थितियों में आवश्यकता होती है, ज़ुबान को वश में रखने की कला की। यदि आपको यह कला आती है, तो आप अपने घर में सुख-शांति रख सकती हैं, वरना घर में हर रोज़ महाभारत होगा। ऐसे में यह महत्त्वपूर्ण नहीं है कि ग़लती किसकी है, सास की अथवा बहू की। महत्त्वपूर्ण यह है कि घर की शांति कैसे भंग न हो। जब आपके घर में शांति होगी, तभी आपका मन शांत होगा। जब मन शांत होगा, तभी आपका घर के अनेक कार्यों में मन लगेगा। आप घर की, रसोई की, बच्चों की तथा पति की ठीक प्रकार देखभाल तभी कर पाएंगी, जब आपके घर और मन दोनों में शांति होगी।

बात-बात पर बहस करने से घर में ही नहीं, घर के बाहर भी संबंध बिगड़ने लगते हैं। यदि पड़ोसी के तथा आपके बच्चों के बीच लड़ाई हो गई हो, तो कदापि बढ़-चढ़कर दख़ल न दें। आपके द्वारा बोले गए अपशब्द पड़ोसी को वर्षों तक याद रहेंगे। बच्चे-लड़-भिड़कर एक हो जाएंगे और फिर अगले दिन साथ-साथ खेलने लगेंगे। आपके संबंध बिना बात ही ख़राब हो जाएंगे, अतः ऐसी स्थिति में भी ज़ुबान को वश में रखना अत्यंत महत्त्वपूर्ण हो जाता है।

यदि आपको यह कला आती है, तो आप अपने बच्चों को विषम परिस्थितियों में चुप रहने की कला सिखा सकती हैं। बच्चों के लिए भी ज़ुबान को वश में रखना अत्यंत महत्त्वपूर्ण है। यदि बच्चे इस कला में निपुण नहीं हैं, तो वे बड़ों की इज्ज़त नहीं कर पाएंगे। उनको वे बात-बात पर उलटा जवाब देंगे। चाहे वह चाचा हो, बुआ हो या दादी। यदि वे आपके खिलाफ कुछ बोलते हैं, तो बच्चा उन्हें बदले में कुछ-न-कुछ अपशब्द कहेगा। ऐसे में बच्चों से अधिक आपके रिश्तों में कड़वाहट आएगी। बच्चे को तो वे फिर भी बच्चा समझकर या भतीजा या पोता समझकर माफ कर देंगी, परंतु आपके प्रति उनकी कटुता बढ़ जाएगी। वास्तव में आप बड़े हैं, तो आपको मिसाल बनना होगा और मिसाल इसी से बनेगी कि सभी बड़े आपस में शिष्टाचार के साथ बोलें-बतियाए, तो बच्चे अपने आप उस राह पर चल पड़ेंगे।

इसलिए यह अत्यंत ज़रूरी है कि आप स्वयं शब्दों को तोल-तोल कर बोलें और अपने बच्चों को भी वही सिखाएं। ज़ुबान को वश में रखकर कम शब्दों में नपी-तुली बात कहें। बस, फिर क्या है, आपका घर स्वर्ग बन जाएगा, जहां तन मन दोनों तरह की शांति होगी।

रिश्तों की मज़बूत नींव-आत्मीयता

प्रायः बचपन से लड़कियों से कहा जाता है कि अभी से ऐसी आदत ठीक नहीं, ससुराल जाएगी तो क्या करेगी। ऐसा करेगी तो सास तुझे घर के बाहर कर देगी। मेरे एक रिश्तेदार अकसर अपनी बेटी से कहा करते थे कि 'लल्ली काम ठीक से न करेगी, तो सास चुट्टे (चोटी) पकड़कर निकाल देगी।''

आप ही सोचिए, जब बचपन से ही बेटी के मन में सास व ससुराल के प्रति ऐसी धारणा भर दी जाएगी, तो उसके मन में उनके प्रति दुर्भावना व घृणा ही पैदा होगी। वह हमेशा यही मानकर चलेगी कि सास से उसे मुकाबला करना है। वह उसे अपनी मां मानने के बजाए दुश्मन समझ बैठेगी। ऐसी चर्चा बेटी के मन में ससुराल के प्रति नकारात्मक भावना उत्पन्न कर देती है और वह जब विवाह होकर ससुराल पहुंचती है, तो सभी के व्यवहार को उसी नज़र से देखती है, जैसा बचपन से सुनी हुई होती है। उसके मन में सास व ननद की एक ऐसी तस्वीर बन गई होती है कि वह उन्हें मां-बहन नहीं मानती और उसमें उनके प्रति आदर की भावना नहीं होती।

विवाह होने पर बहू शुरू से सास से इस प्रकार का व्यवहार शुरू कर देती है, ताकि वह उनसे हर बात में इक्कीस साबित हो। वह कई बार सास पर हावी होने की कोशिश करती है, ताकि सास को यह अहसास हो कि उसकी बहू भी दमखम वाली है और आसानी से उससे दबने वाली नहीं है।

बहू के रूप में दायित्व

बहू के मन में सास के प्रति डाला गया भय, कई बार उसके मन में यह भावना उत्पन्न करता है कि उसकी सास जो भी बात करती है या प्यार करती है, वह मात्र दिखावा है। यदि आप बहू हैं, तो आपको चाहिए कि सास की भावनाओं का सम्मान करें, उसके प्यार-भरे व्यवहार में अपनेपन की झलक पाएं और उन्हें मां की

भांति आदर करें। यह सोचकर कि यह ऊपरी रूप से प्यार कर रही है, भीतरी रूप से मुझ से कुढ़ रही है और कल को मेरे साथ बुरा व्यवहार करेगी, अपना वर्तमान और भविष्य न बिगाड़ें।

अकसर बहुएं अपना सिक्का जमाने के लिए अपने पति का सहारा लेती हैं और उन पर अकड़ दिखाती हैं कि यदि आपकी मां ने ऐसा किया, तो मैं बरदाश्त नहीं करूंगी। इस प्रकार के व्यवहार से बहुओं को बचना चाहिए। आप यदि पत्नी हैं, तो वह उनकी मां है। उनके लिए जितनी प्यारी आप हैं, उतनी ही प्यारी मां। आप बहू के रूप में मां-बेटे के बीच दीवार बनने की कोशिश न करें।

यदि आपके पति अपनी मां के साथ बैठकर हंसकर बातें करते हैं या चुपचाप कुछ सलाह मशविरा करते हैं, तो उसे अपना 'प्रेस्टिज इश्यू' न बनाएं, न ही कुरेद-कुरेद कर यह जानने की कोशिश करें कि वे आपस में क्या बात कर रहे थे। यह भावना अपने मन से निकाल दें कि आपकी सास आपके पति से आपकी बुराई ही कर रही होगी।

आपको चाहिए कि आप स्वयं पर व अपने पति पर इतना विश्वास रखें कि आपका पति न आपकी बुराई करेगा, न सुनेगा। इस बारे में इतना अवश्य ध्यान रखें कि अपने पति का मन सदैव जीतकर रखें।

अपनी इस भावना से निजात पाने का प्रयास करें कि सास बुरी होती है या कठोर होती है। अपनी सास को मां के समान संपूर्ण आदर दें, तभी बदले में आप उनसे प्यार की अपेक्षा कर सकती हैं। कभी-कभी आप भी बहू के रूप में ग़लत हो सकती हैं। अतः सदैव स्वयं को सही साबित करने का प्रयास न करें।

हरदम सास की ग़लतियां ढूंढ़ने की कोशिश नहीं करनी चाहिए। हर इनसान से ग़लती होती है, यह सोचकर उनकी ग़लतियों को भी नज़रअंदाज़ कर दें।

कुछ देर सास के पास बैठकर उनके मन की बात करें। कुछ उनकी सुनें, कुछ अपनी सुनाएं। इससे दिल साफ होगा और एक-दूसरे को समझने में मदद मिलेगी।

यदि आपकी सास आपको कोई कार्य करने का आदेश देती है या ग़लत कार्य करने पर टोकती या डांटती है, तो इसे सास की धौंस समझकर बुरा न मानें। आप इस बात को याद करने का प्रयास करें कि आपकी मां भी तो आपको इसी तरह आदेश देती थी और ग़लती करने पर टोकती-रोकती थी। बड़े-बुज़ुर्ग, चाहे वह मां हो या सास, बच्चों को सदैव निर्देश देते ही हैं, ताकि वे ग़लतियां न करें।

सास को बुज़ुर्ग मानकर उनके व्यक्तित्व को अहमियत देना बहू का कर्तव्य है। संबंधों की कटुता को बढ़ावा देना अपनी ज़िंदगी में मुसीबत मोल लेने जैसा है। जितनी कटुता बढ़ेगी, ज़िंदगी उतनी ही दूभर होती जाएगी।

यूं तो दोनों ही पक्ष एक दूसरे से बहुत अधिक अपेक्षाएं रखते हैं, फिर भी बहू को चाहिए कि सास से अधिक अपेक्षाएं न रखे। इससे उनके संबंधों में अधिक कटुता नहीं आएगी।

सास बहू के बीच कटुता अकसर बच्चों के पालन-पोषण को लेकर ही आती है। सासें अकसर अपने तरीके से बच्चों को खिलाने-पिलाने व पालन-पोषण की सलाह देती रहती हैं, जो प्रायः बहुओं को पसंद नहीं आती। बच्चों की ग़लती पर डांटने पर बहू की सास बच्चे को पनाह देती है। बहू को इस बारे में मध्यम मार्ग अपनाना ही बेहतर होगा। कहीं उनकी सलाह मानकर कार्य करे, तो कहीं सास को इस बात से संतुष्ट करने का प्रयास करे कि आजकल बच्चों को इस तरह पालना बेहतर है।

सास के रूप में दायित्व

बेटे का विवाह होते ही स्त्री को सास का दर्ज़ा मिल जाता है, अतः वह बेटे का विवाह अत्यंत ख़ुशी-ख़ुशी करती है। उसकी कल्पना में बेटे के बचपन से ही एक

सपना छुपा रहता है बेटे के लिए प्यारी-सी बहू लाने का। परंतु बेटे का विवाह करते ही सास को यूं महसूस होने लगता है कि जैसे बहू ने आते ही उसका बेटा उससे छीन लिया है या इसके अधिकार ही छीन लिए हैं। कल तक जो बेटा उसके कहने से सारे काम करता था, आज बहू के कहने में चलने लगा है, बस यहीं से वर्चस्व की लड़ाई शुरू हो जाती है, जो शुरू होती है सास बहू की नोक-झोंक या तकरार के रूप में।

सास यह मानकर चलती है कि बहू विवाह होते ही ससुराल के रंग-ढंग में रंग जाएगी। लेकिन इसके विपरीत जब वह अपनी इच्छा से घर के लोगों का स्वाद बदलना चाहती है और ससुराल के नियमित परंपरा से कुछ अलग खिलाती है, तो सास चिढ़कर कहती है, मेरे घर में यह कोई नहीं खाता, तू क्या दो दिन की आई खिलाएगी। यदि उसकी बनाई नई चीज़ घर के सदस्यों ने ख़ुशी से खा ली, तो सास को यूं महसूस होता है कि जैसे बहू की जीत हो गई है। वह घर के सदस्यों से तो कुछ नहीं कह पाती, परंतु मन-ही-मन बहू से जलने लगती है और संबंधों में शीघ्र ही कटुता आने लगती है। सास यदि यह सोचकर चले कि इतनी जल्दी कैसे बहू ससुराल के रंग में रंग जाएगी, मुझे भी तो बहू बनकर इस घर में आने पर ढलने में समय लगा था, तो बात बिगड़ने की नौबत ही न आए।

सास को चाहिए कि बहू की कमियां तलाशने के स्थान पर अच्छाइयां तलाश करे। इससे उनके संबंधों में मधुरता बनी रहेगी। बहू की ग़लती को तिल का ताड़ बनाने का कोई फायदा नहीं। आपको साथ-साथ वर्षों तक रहना है, तो बहू की ग़लती व उसे ताने देकर जताना ठीक नहीं। उसे धीरे-धीरे अपने घर की परंपराओं के अनुसार ढालने का प्रयास करें, घर के लोगों के स्वाद के अनुसार भोजन पकाना सिखाएं व अन्य तौर-तरीके सिखाएं, जैसे अपनी बेटी को सिखा रही हों।

सास बहू के बीच यदि मां बेटी जैसे रिश्ते बनें, तो संबंधों में कटुता न आए। अकसर जवान बेटियां भी मां को पलट कर जबाव दे देती हैं या कभी मां की बात काट देती हैं या बहस करती हैं या काम करने से मना करती हैं और मां नाराज़ हो जाती है, परंतु कुछ ही देर में वह सब कुछ भूलकर एक दम सहज हो जाती हैं, जब कि बहू के साथ इसके विपरीत होता है। बहू जब इसी प्रकार का व्यवहार करती है, तो सास-बहू में बहस या तक रार तो होती ही है, मन में भी कई-कई दिन तक कटुता बनी रहती है। कभी-कभी तो सास बहू की वह बात वर्षों तक मन में याद करती रहती है और उनके संबंध सामान्य नहीं रहते। वह दूसरे के सामने बहू की उन बातों की बुराई करती है, बेटे से इस बात को बढ़ा-चढ़ा

कर बताती है, जिससे बिना बात कलह का वातावरण बनता है। ऐसे में सास के लिए बेहतर यही होगा कि बहू की बात को उसी तरह भूलने का प्रयास करे, जिस प्रकार बेटी की बात भूल जाती है या बेटी की ग़लती छिपाने का प्रयास करती है।

सास को चाहिए कि बहू से शुरू से ही बहुत अधिक अपेक्षाएं न रखे। अधिक अपेक्षा होने पर बहू उन पर खरी न उतरे, तो उनके संबंध शीघ्र ही कटु होने लगते हैं। ऐसा कैसे सोचा जा सकता है कि बहू सर्वगुण संपन्न होगी। यह सोचना चाहिए कि बहू भी एक इनसान है और इनसान से ग़लतियां होती ही हैं। यदि सास-बहू के प्रति पूर्वग्रह पाल लेगी, तो उसे बहू का हर व्यवहार ग़लत ही प्रतीत होगा। उसे यूं प्रतीत होगा कि बहू उसका बेटा छीन रही है।

जहां तक हो बहू की भी इच्छा-अनिच्छा का ध्यान रखें। यदि वह बीमार है, या दफ तर से थककर आई है, तो उसकी सहायता करने का प्रयास करें, घर में मिल-जुलकर कार्य करें, तो मन-मुटाव की संभावना कम हो जाती है और ज़िंदगी बहुत आसान लगने लगती है।

पूर्व प्रचलित सास-बहू के रिश्ते की कटु छवि को समाप्त कर एक आत्मीय व स्नेहिल सास बनने का प्रयास करें।

बहू के साथ बहुत अधिक टोका-टाकी न करें, न ही उसे ताने देकर खरी-खोटी सुनाएं। उसे अपने तरीके से बच्चों का पालन-पोषण करने दें। यह सोचें कि आपने भी तो अपने तरीके से अपने बच्चों का पालन-पोषण किया था। यह भी समझने का प्रयास करें कि समय बदलने के साथ रहते हर तौर-तरीके बदलते रहते हैं। पहले कई बच्चे होते थे, तो मां-बाप बच्चों का उतना ध्यान नहीं रख पाते थे। आज एक या दो बच्चे होते हैं, बहू उन्हें अपने तरीके से पालना चाहती है, तो उसे पालने दें। बच्चे की ग़लती पर उसे आश्रय देने का अर्थ बच्चे को बिगाड़ना है, अतः उस समय बच्चे को लाड़-प्यार न करें।

अंत में यही कहा जा सकता है कि सास और बहू दोनों ही समाज की प्रचलित पारंपरिक छवि को तोड़ने का प्रयास करें, तो शांतिपूर्ण और सुखी जीवन बिता सकती हैं और अपने परिवार को भी ख़ुशहाल रख सकती हैं। सास बहू को अपनी बेटी के समान समझे और बहू सास को मां के समान, तो संबंध आसानी से मधुर बने रह सकते हैं। इन संबंधों की मधुरता बनाए रखने के लिए एक-दूसरे की पहल का इंतज़ार न करें। अपना कर्तव्य न भूलें और ग़लत-फहमियां बढ़ाने का प्रयास न करें। सास बहू के रिश्तों की बुरी छवि को बदलकर समाज के सामने आदर्श प्रस्तुत करें।

अच्छी सास वही, जो बहू को सिखाए सही

शीतल अकसर अपनी सहेलियों के बीच अपनी सास की बुराई किया करती थी। कभी वह उनकी मीन-मेख निकालने की आदत से परेशान रहती, तो कभी उनके तानों और छींटाकशी से वह कहा करती थी कि अगर सास बहू को बेटी जैसा प्यार करे, तो इस लड़ाई की नौबत ही न आए। समय कब बीत गया पता ही नहीं लगा। आज उसके बेटे आदित्य की शादी थी। शीतल बहुत ही ख़ुश थी और उसने बहू के रूप में एक प्यारी बेटी की कल्पना कर रखी थी। शीतल की सहेलियां मज़ाक में कहतीं, 'अब तो तू भी सास बन जाएगी। देखना तू भी और सासों जैसी बन जाएगी।' शीतल हंसती और कहती, 'तुम तो जानती हो मेरे केवल दो बेटे हैं। मुझे बेटी की कितनी तमन्ना है। मैं इतनी ख़ुश हूं कि बता नहीं सकती। मैं अपने घर में बहू नहीं बेटी ला रही हूं।'

आख़िर बेटे का विवाह हो गया और सभी सहेलियां बहू को सुंदर उपहार देकर चली गईं। विवाह की रौनक ख़त्म होकर सामान्य ज़िंदगी शुरू हो गई।

शीतल अपनी बहू रिंकी को लाड़ से बेटी-बेटी कह कर पुकारती। रिंकी भी ख़ुश थी कि मुझे इतना प्यार करने वाली सास मिली है। विवाह के उपरांत वह हनीमून पर चली गई। फिर 8 दिन हनीमून मनाकर लौटी। परिवार में बहू के आ जाने से सभी प्रसन्न थे। अगले दिन सुबह शीतल का बेटा आदित्य और बहू 9 बजे तक सोकर नहीं उठे, तो उसे कुछ अटपटा-सा लगा। परंतु शीतल के पति ने उसे उन दोनों से कुछ कहने से मना कर दिया। यूं ही 5-7 दिन निकल गए। रिंकी सुबह आराम से 9 या 9.30 बजे तक उठती और फिर आराम से उठकर चाय पीने में लग जाती, तब तक शीतल सुबह का सारा काम निबटा चुकी होती थी। एक दिन शीतल से न रहा गया और अपने बेटे से बोली, "शादी के पहले तू सुबह सात बजे सोकर उठ जाता था। तुझे पता है मुझे देर तक सोना पसंद नहीं है। बीवी के आते ही तुझ पर भी रंग चढ़ गया!'

रिंकी ने अपनी सास के इस प्रकार के तीखे शब्द सुने, तो उसे अच्छा न लगा। धीरे-धीरे सास-बेटी के रिश्ते सास-बहू के रिश्तों में बदलने लगे। कभी रसोई की गंदगी को लेकर शीतल रिंकी को ताना मारती, तो कभी भोजन को लेकर। रिंकी भी कभी-कभी जवाब देने लगी। आख़िर उनके बीच प्यार की भावना समाप्त होकर मन मुटाव रहने लगा।

ऐसे ही छोटी-छोटी बातों से सास बहू की दूरियां बढ़ने लगती हैं। प्रायः जो बातें स्वयं बहू होने पर ग़लत लगती हैं, सास बन जाने पर सही लगती हैं।

कहते हैं कि 'अच्छी सास वही जो बहू को सिखाए सही।' सही अर्थात् यदि बहू को सचमुच बेटी समान मानना है और सास-बहू में प्यार बनाए रखना है, तो सास को कुछ बातों का ख़याल अवश्य रखना चाहिए।

मां जैसा व्यवहार करें

आपकी बहू अपना घर व परिवार छोड़कर आपके घर आई है, जो उसके लिए एकदम अनजान है। ऐसे में उसके दिमाग़ में टेंशन होगी ही, यदि ऐसे वक त आप सास के रूप में मां जैसा प्यार देंगी, तो वह जल्दी ही नॉर्मल हो जाएगी और सबके

प्रति अपनत्व की भावना रखेगी। सास को चाहिए कि घर में आई नई-नवेली बहू से कार्य गलत होने पर भी उसके कार्य में मीन-मेख न निकाले।

गृहस्थी के कार्यों की जानकारी दें

प्रायः लड़कियां पढ़ाई करते वक्त घर के कार्यों को ठीक प्रकार सीख नहीं पातीं, क्योंकि उन्हें पढ़ाई से फुर्सत नहीं मिली होती और यदि वक्त मिला भी होता है, तो वह सहेलियों के साथ-घूमने-फिरने में बिता देती हैं, इसके पश्चात् पढ़ाई पूरी करते-करते लड़कियों की शादी हो जाती है। अतः यह ताना हरगिज न दें कि मां के घर से क्या सीख कर आई है? अथवा तुम्हारी मां ने तुम्हें कुछ नहीं सिखाया? सास को चाहिए कि धीरे-धीरे बहू को घर-गृहस्थी के कार्यों की जानकारी दे और महत्त्वपूर्ण जानकारी देते समय चिढ़े नहीं, वरन आराम से समझाए।

हर बात प्यार से समझाएं व बहू का दिल जीतें

बहू को कोई बात बतानी हो या डांटना हो, तो ताना देकर या बदले में किसी और को डांट कर काम न चलाएं। बहू की हर शिकायत या पेरशानी आमने-सामने बैठकर बताने का प्रयास करें। जहां तक हो, हर बात उसे आराम से समझाएं। जिस प्रकार आप बहू से अच्छे व्यवहार की उम्मीद रखती हैं, उसी प्रकार बहू भी सास से अच्छे व्यवहार व प्यार की उम्मीद रखती है। वह आपका दिल जीतना चाहती है, तो आप भी उसका दिल जीतने का प्रयास करें। उसे आपके प्यार पर यकीन आने में कुछ समय तो लगेगा ही, आखिर बहू ने सास-बहू के रिश्तों के बारे में अनेक गलत बातें सुन जो रखी होंगी।

घर के लोगों की आदतों का ज्ञान कराएं

शुरू में बहू घर के लोगों की आदतों से अनभिज्ञ होती है, उसे शुरू से ही घर के लोगों के बारे में बताना सास का कर्तव्य है। इससे पहले कि वह घर के सदस्यों, रिश्तेदारों एवं संबंधियों के बारे में अपनी राय बनाए, सास को सबकी आदतों के बारे में बहू को बताते रहना चाहिए।

अपने स्वादानुसार भोजन सिखाएं

हर घर में अलग प्रकार का व अलग स्वाद का भोजन बनता है। बहू जहां से आई है, वहीं के स्वादानुसार भोजन बनाना जानती होगी। सास को चाहिए कि शुरू से

ही उसे अपने घर के अनुसार भोजन पकाना सिखाए। यदि उसे भोजन पकाना नहीं आता, तो बजाय यह कहने के लिए कि तुमने मां के यहां क्या सीखा या तुम्हारी मां ने तुम्हें कुछ सिखा कर नहीं भेजा, यह कहें कि आओ तुम्हें मैं सब्जी बनाना सिखाऊं। तुम्हें यह सब्जी पकानी नहीं आती, तो मैं बनानी सिखाए देती हूं। बस, धीरे-धीरे बहू आपके घर के अनुसार भोजन पकाना सीख जाएगी। आप भी खुश और बहू भी खुश।

कार्यों में निपुण बनाएं

यदि बहू घर के कार्य जानती है, लेकिन आपके चाहे अनुसार नहीं करती तो क्रोध न जताएं। सर्व प्रथम तो हर व्यक्ति का कार्य करने का अलग तरीका होता है। आप चाहें, तो धीरे-धीरे उसे अपने अनुसार ढाल सकती हैं। यदि बहू को कार्य करने नहीं आते, तो उसे धीरे-धीरे कार्यों में निपुण बनाएं, न कि उनमें कमियां निकालें। बेटी समझकर सिखाएंगी, तो बहू सारे कार्य भली प्रकार सीख जाएगी। वह अब आपकी बहू है। उसे आपके साथ आपके घर में रहना है। यदि वह अच्छे कार्य करेगी, तो आपके पारिवारिक मित्र व रिश्तेदार भी आपकी बहू की प्रशंसा करेंगे, जिससे आपको खुशी होगी।

बहू की प्रशंसा होने पर प्रसन्नता जाहिर करें

बहू को यदि कहीं प्रशंसा मिलती है, तो आपको चिढ़ना नहीं चाहिए। यदि आपका बेटा या अन्य रिश्तेदार आपकी बहू की तारीफ करते हैं, तो इसे प्रेस्टिज इश्यू न बनाएं कि कोई मेरी तारीफ तो करता नहीं, दो दिन की आई बहू की सब प्रशंसा करते हैं। यदि आप बहू की प्रशंसा से चिढ़ेंगी, तो बहू से मनमुटाव बढ़ेगा।

बेटे से बहू की बुराई न करें

बहू की दिन भर की बातों अथवा गलतियों का शाम को बेटे के सामने बखान न करें। कुछ सासें जान-बूझकर बेटे के सामने बहू की उन बातों का जिक्र करने लगती हैं, जिनसे बेटे को क्रोध आ जाए। ऐसी सासों को बेटे द्वारा बहू की डांट पड़ने पर बहुत आनंद आता है। वे खुश होती हैं कि बहू उनके व बेटे के नियंत्रण में है, लेकिन वास्तविकता उसके विपरीत होती है। बहू के मन में सास के प्रति प्यार के स्थान पर विद्रोह की भावना जाग्रत होती जाती है। उसके मन में उनके प्रति आदर न होकर बदले की व क्रोध की भावना पनपने लगती है। यही मनमुटाव

धीरे-धीरे आपसी कलह का रूप धारण कर लेता है। सास को तो यह सोचना चाहिए कि बेटा तो सुबह कार्य पर चला जाएगा, तो शाम को लौटेगा। बहू को सारा दिन साथ रहना पड़ता है। अतः बहू से रिश्ते बेहतर बनाने में ही फायदा है। बहू के साथ तनावपूर्ण संबंध रखकर आप भी तनाव में रहेंगी।

बहू की प्रशंसा भी करें

यदि सास बहू को बेटी के समान प्यार करेगी, तो बहू भी आपको खूब मान-सम्मान देगी। यदि आप उसके कार्यों की प्रशंसा करेंगी, तो वह आपको खुश करने के लिए और अधिक प्रयास करेगी। आपको चाहिए कि रिश्तेदारों व घर के सदस्यों के समक्ष बहू की प्रशंसा करें।

अपने अनुभव बहू से शेयर करें

आप अनुभवी हैं, आपके पास बच्चों के पालन-पोषण के अतिरिक्त घर-गृहस्थी को चलाने का वर्षों का सफल तजुर्बा है। अनुभव के इस अनमोल खजाने में से कुछ अनुभव धीरे-धीरे बहू के साथ बांटें, ताकि वह भी सफलतापूर्वक परिवार की गाड़ी चला सके। आखिर वही तो आपके परिवार के वंश को आगे बढ़ाने में मदद करेगी, फिर उससे बैर किस लिए।

तेरा-मेरा न करें

घर में बात-बात पर भिन्न-भिन्न चीजों के लिए तेरा-मेरा न करें। जैसे यह तेरे मायके का आया कुकर तो बिलकुल बेकार है। रसोई में सारे बर्तन मेरे ही हैं, तुम्हारा डिनर सेट कहां छुपा रखा है। यह तवा मेरा है, तुमने इसे जलाकर खराब कर दिया है आदि। आखिर सास बहू को एक ही घर और एक ही रसोई में रहना व काम करना है, तो तेरा-मेरा करने का क्या लाभ? बहू भी अब इस घर की सदस्य है, उसे घर की सभी चीजें प्रयोग करने दीजिए। तेरा-मेरा से मन की दूरियां बढ़ेंगी ही।

सास का दिल क्यों नहीं जीत पाती है बहू

हर नई नवेली बहू विवाह के पश्चात् मां बनने का सपना देखने लगती है और कुछ ही वर्ष में वह मां बन जाती है। वह अपने लाडले बच्चों को जी-जान से प्यार करती है। इसी ममतामयी मां का कवियों ने वर्णन किया है। इस रूप में उसे देवी मां मानकर पूजा जाता है। लेकिन यही स्त्री जब सास बनती है, तो दूसरी कोख से जन्म कर अपने घर में आई बहू को न केवल ताने देती है, वरन हर तरह सताती है, जुल्म करती है, कहीं-कहीं तो दुश्मनी इस कदर बढ़ जाती है कि बहू को जलाकर मार डालने की घटनाएं भी सुनने को मिलती हैं या फिर सास के व्यवहार से तंग आकर बहू ही कुछ ऊंच-नीच कर बैठती है। सास और बहू का यह व्यवहार समाज के अधिकांश परिवारों में देखने को मिलता है।

आखिर स्त्री बहू बनकर अपनी सास के प्रति इतनी कठोर क्यों हो जाती है कि उसे अपना दुश्मन समझती है। मां से उसका बेटा छीनकर एक छत्र राज्य करने का उद्देश्य बना लेती है और दूसरी ओर बेटे की देखभाल करने वाली बहू के प्रति सास इतनी कठोर क्यों हो जाती है कि उसे पीड़ा पहुंचाना ही अपना उद्देश्य बना लेती है। नारी मन की इन गुत्थियों को निम्नवत समझा जा सकता है–

स्त्री बहू के रूप में सबसे पहले अपने पति का दिल जीतने का प्रयास करती है। वह उसके प्रति इतनी 'पजेसिव' होती है कि उस पर एक मात्र अपना हक जमाना चाहती है। यह स्वाभाविक भी है कि स्त्री अपने पति के प्रति पजेसिव हो। परंतु जब वह इसमें कोई बाधा देखती है, तो वह बाधा केवल सास ही नजर आती है और वह सास को अपना दुश्मन मान बैठती है।

नई नवेली दुलहन पति का दिल जीतने में कामयाब इसलिए हो जाती है कि एक तो वह जवान है, फिर सुंदर और नई-नवेली भी। जिससे उसका सजा-धजा

रूप पति को आकर्षित कर ही लेता है। बस यहीं से शुरू होती है सास बहू की दुश्मनी यानी घर-घर की कहानी।

बहू के लिए पति का दिल जीतना जितना आसान होता है, सास का दिल जीतना उतना ही मुश्किल। बहू अकसर यह समझने का प्रयास नहीं करती कि उसकी सास को उससे क्या अपेक्षाएं हैं। वास्तव में सास की जो सबसे बड़ी चाहत होती है, वह है मान-सम्मान। वह चाहती है कि बहू उसे अपना बुजुर्ग मानकर उसे सम्मान दे और उसका कहना माने। जबकि बहू को उनसे कुछ पूछना या बताना अपनी बेइज्जती-सा लगता है। बस, बहू सास को उनकी इच्छानुसार मान-सम्मान नहीं दे पाती और आपसी मनमुटाव शुरू हो जाता है।

जबकि जीवन की यह वास्तविकता है कि बेटा ज्यों-ज्यों बड़ा होता है, मां से दूर होता जाता है। वह बड़ा होने पर या तो पिता के करीब होता है या पूर्णतः आत्मनिर्भर, परंतु बहू के आते ही वह उसके नजदीक आने लगता है। सास को एक तो अपना बेटा छिनता-सा दिखाई देने लगता है, दूसरे सास-बहू के मनमुटाव की तनातनी में बहू अपने पति के सामने मां के व्यवहार का जैसा बयान करती है, वह उसे ही पूर्ण सत्य मान बैठता है। उसे जिंदगी पत्नी के साथ निभानी है,

अतः उसके अनुसार स्वयं को बदलने का प्रयास करने लगता है। बस बहू ऐसे में पति का दिल तो जीत लेती है, परंतु सास का दिल नहीं जीत पाती। बेटा अपने प्रति किए गए मां के लाड़-प्यार व दायित्वों को जल्दी ही भूल जाता है। किसी भी बेटे को अपनी मां का महत्त्व उस दिन महसूस होना शुरू होता है, जब वह पिता व उसकी पत्नी मां बनती है। मां का बच्चे के प्रति लाड़-प्यार, दिन-रात की सेवा-शुश्रूषा व दायित्वों का अहसास उसे अपनी पत्नी को बच्चे के कार्य देखकर ही होता है। मां की ममता को भुला चुका बेटा इनसानियत के नाते मां का ऋण महसूस करने लगता है, परंतु पत्नी उन सब ऋण को एक झटके में ही भुला देना चाहती है।

प्राचीन काल में जब लड़कियों का विवाह कम उम्र में हो जाता था और वे अधिक लिखी-पढ़ी नहीं होती थीं, तब अपनी सास को प्रतिद्वंद्वी नहीं मानती थीं। घर में सास का ही राज चलता था। परंतु आज की पढ़ी-लिखी स्त्री बहू बनकर पति की मां को पूजनीय नहीं मानती, वह मां को एक प्रतिद्वंद्वी ही समझती रहती है और इस रूप में वह कभी सास का दिल नहीं जीत सकती।

अकसर कहा जाता है कि किसी से भी अधिक अपेक्षा न रखो, तो सुखी रहोगे। बहू सास से या सास बहू से अधिक अपेक्षा न रखे, तो उनमें मनमुटाव नहीं होगा। फिल्मों, सीरियलों, कहानियों व बुजुर्गों द्वारा भी इस बात को प्रतिपादित करने का प्रयास किया जाता है कि किसी से अपेक्षा मत करो, चाहे वह बेटा हो या बहू या कोई और रिश्तेदार। जब कि वास्तविकता इससे काफी भिन्न होती है। मां अपने बच्चों को पालते समय ढेर सारे सपने देखती है, ख्वाहिशें करती है, मन्नत मांगती है, व्रत-उपवास करती है, तो यह कैसे संभव है कि वह बच्चों के बड़े होने पर उन सपनों को यूं ही चकनाचूर कर दे।

बहू को चाहिए कि वह ख्वाहिशें तो करे, परंतु सास का दिल न तोड़े। सास के सपनों को पूरा करने का प्रयास करे, तो वह अवश्य ही सास का दिल जीत सकती है।

कभी-कभी ऐसा भी होता है कि सास अभी भी जवान है और स्मार्ट व खूबसूरत भी। ऐसे में सास की भी इच्छा होती है कि वह बेटे के साथ किसी रिश्तेदार के यहां जाए या घूमने जाए। ऐसे में यदि पति मां को घुमाने ले जाता है, तो बहू का मुंह फूल जाता है। बेहतर हो कि बहू स्वयं ही सास से घूमने जाने या साथ-साथ कहीं जाने का आग्रह करे, जिससे सास के दिल में बहू के प्रति झुकाव पैदा हो कि बहू उसका कितना खयाल रखती है।

आधुनिक सासें यूं भी बहुत 'हेल्थ कॉन्शस' व स्मार्ट हो गई हैं। बहू यदि उनसे इस बारे में ईर्ष्या करेगी या उनके बनाव-शृंगार पर ताना मारेगी, तो स्वाभाविक है कि सास को बहू से चिढ़ होगी। अतः बहू को सास का दिल जीतने के लिए उनकी स्मार्टनेस की प्रशंसा करनी चाहिए। यदि वह हेल्थ क्लब या ब्यूटी पार्लर जाती है, तो साथ-साथ जाने का प्रोग्राम भी बना सकती है। सास की पसंद के अनुसार उनकी पसंद की ड्रेस या साड़ी लाकर उपहार में दे सकती है, इससे अवश्य ही वह सास के दिल में अपने प्रति नरमी बना पाएगी। इसी प्रकार की छोटी-छोटी बातों को ध्यान में रखकर ही बहू सास का दिल जीत सकती है। यदि बहू सास को बड़ा मानकर उन्हें सम्मान दे, उनसे मिलकर घर के कार्य करे, आवश्यकता होने पर उनकी प्रशंसा करे, तो फिर एक दिन ऐसा आएगा कि वह सास का दिल जीत लेगी और सास अपनी बहू की सर्वत्र प्रशंसा करेगी।

जब कोई मंथरा चरित्र मिल जाए

हर स्त्री के वैवाहिक जीवन में प्रवेश करते ही अनेक नए रिश्तों का जन्म हो जाता है। वह किसी की बहू, तो किसी की भाभी बन जाती है या फिर किसी की मामी, ताई, चाची या देवरानी। अड़ोस-पड़ोस व रिश्तेदारों का नया माहौल स्त्री को मिलता है, जिनकी आदतों व व्यवहार को समझने में स्त्री को कुछ दिन का समय लग जाता है। वह उन्हीं की आदतों के अनुसार स्वयं को ढालने तथा व्यवहार करने का प्रयास करती है।

उस माहौल में अकसर ऐसी स्थिति भी आ सकती है, जब कोई परिचिता मंथरा चरित्र की हो, जिसे इधर की बात उधर करने में बड़ा आनंद आता हो अथवा आपके और आपके पति या सास की लड़ाई कराने में खुशी मिलती हो। यदि हम समाज में नजर दौड़ाएं, तो पाएंगे कि प्रायः अनेक परिवारों में ऐसी मंथरा चरित्र वाली महिलाएं होती हैं, जो दूसरों की लड़ाई कराकर या दुख पहुंचाकर बेहद खुश होती हैं।

यह आवश्यक नहीं कि ऐसी मंथरा चरित्र वाला व्यक्ति आपके परिवार का हिस्सा ही हो। नौकर-नौकरानी भी कभी-कभी इसी प्रकार की भूमिका निभा सकते हैं। इसके अतिरिक्त किसी स्त्री की सास, ननद, देवर, जेठानी या उनके बड़े बच्चे भी इस प्रकार का चरित्र निभाने वाले हो सकते हैं। कुछ अड़ोसी-पड़ोसी, सास-जेठानी की सहेलियां भी इस तरह की भूमिका आसानी से निभा देती हैं।

कैसे निबटें

हर व्यक्ति के स्तर के अनुसार आप ऐसे लोगों से निपट सकती हैं। इस प्रकार की परेशानी से बचने के लिए आपको बेहद सतर्कता व होशियारी से काम लेना चाहिए, ताकि आप अपनी समस्या भी हल कर सकें और दूसरे को इसका बुरा भी न लगे।

कुछ घरों में नौकर व नौकरानी मंथरा की भूमिका निभाते हैं। इन नौकर-नौकरानियों में कुछ लोग 24 घंटे घर में रहने वाले होते हैं, तो कुछ पार्ट टाइम काम करने आते हैं–जैसे बर्तन साफ करने वाली महरी, कपड़े धोने या सफाई करने वाली माई। ये लोग आपके घर की बातें बहुत ध्यान से सुनते रहते हैं। कुछ नौकर तो बातूनी होते हैं, जो अच्छा काम करके और मीठी बातें बनाकर मालिकों के पेट में घुस जाते हैं और शीघ्र ही उनका विश्वास हासिल कर लेते हैं। फिर बहू की बात सास को व सास की बहू को बताकर उनका झगड़ा करा के मौके का फायदा उठाते हैं। कुछ पार्ट टाइम महरी आपके घर की बातें सुनकर पड़ोस के घरों में बताती हैं। अतः आपको चाहिए कि आप नौकर-नौकरानियों को ज्यादा मुंह न लगाएं, न ही उनके सामने घरेलू समस्याओं का जिक्र करें। ये लोग इधर की उधर करके घर में और बाहर आपकी इमेज बिगाड़ सकते हैं या आपकी निजी बातों को सार्वजनिक कर सकते हैं। नौकर-नौकरानियों से नपी-तुली काम की बात करना ही ठीक रहता है। उत्सव के मौके पर इनाम आदि देकर आप उन्हें खुश कर सकती हैं। आपकी बातों द्वारा उन्हें खुश करने का प्रयास नहीं करना चाहिए।

कुछ सासें भी मंथरा वाला चरित्र अपनाती हैं। उन्हें अपनी बहू पर डांट पड़वाने में बहुत आनंद आता है। वे जान-बूझकर बेटे के दफ्तर से आते ही कुछ-न-कुछ ऐसी बातों का जिक्र करती हैं, जिसमें अप्रत्यक्ष रूप या प्रत्यक्ष रूप से बहू जुड़ी हो और जिसे सुनकर वे जानती हैं कि बेटे को क्रोध अवश्य आएगा। फिर जब आधी-अधूरी बात सुनकर बेटा पूरी बात जानने का प्रयास करता है, तो सासें बढ़-चढ़कर बात सुनाती हैं। फिर बेटे द्वारा बहू या पोते-पोती को डांटे जाने पर उन्हें आत्मिक सुख मिलता है। इस तकनीक को वे बहू पर जीत और अपना 'अपर हैंड' मानती हैं। ऐसी सासों की कुंठाएं बहुओं को दुखी कर देती हैं।

बहू के रूप में स्त्री को चाहिए कि अपने पति का मन व विश्वास इतना जीत ले कि उसे किसी की शिकायत पर आसानी से यकीन ही न हो। यदि फिर भी सास ने कोई बात कही है, तो पति को इतना विश्वास में लेना चाहिए कि पति पहले पत्नी से स्पष्टीकरण मांगे।

ठीक इसके विपरीत कुछ बहुएं भी पति के सामने अपनी अच्छाई प्रकट करने के लिए सास की बातें बढ़ा–चढ़ाकर कहती हैं, ताकि पति को हर बात में मां की ही ग़लती नजर आए और सास-बहू की कोई बहस होने पर पति-पत्नी का ही पक्ष ले और सास पर नाराज हो।

यह ठीक है कि पति पर पत्नी का पूरा हक है, परंतु इस प्रकार का व्यवहार

बिलकुल ठीक नहीं। मां के समान दुनिया में कोई नहीं होता। बहू को जान-बूझकर सास की बुराई नहीं करनी चाहिए। यदि बहू अपने पति के कान भरने वाली है, तो सास को भी बहू की इन आदतों की जानकारी घर के अन्य सदस्यों को देनी चाहिए। इस स्थिति में भी सास से अधिक बहू का ही फर्ज बनता है कि सास की छवि न बिगाड़े। सास पति की वह मां है, जिसने आपको अपना बेटा दिया है। बेहतर हो आप भी पति की तरह सास को अपनी मां की तरह सम्मान दें और उनसे बेटी की तरह सम्मान पाकर सुखद जीवन जिएं।

कुछ परिवारों में ननदें मंथरा की भूमिका निभाती हैं। ननद यानी घर की बेटी अपनी मां और भाई दोनों की लाडली और सिरचढ़ी होती है। वह भाभी के बारे में मां और भाई दोनों के कान भरती है। ननद को सास-बहू या भाई-भाभी के झगड़े में बहुत आनंद आता है।

इस स्थिति में स्त्री का बहू के रूप में दायित्व है कि युवा ननद को प्यार से अपने पक्ष में रखे। उससे सहेली या बहन जैसा बर्ताव करे, ताकि ननद उसके खिलाफ किसी के कान न भरे। ननद-भाभी के रिश्ते अच्छे होने पर ननद भाभी के बहुत काम आ सकती है। यदि बहू कहीं बाहर जाने का कार्यक्रम बनाना चाहती है या किसी चीज की खरीदारी करना चाहती है, तो ननद अपनी मां व भाई को ज्यादा आसानी से मना सकती है। इस संदर्भ में आवश्यकता है बहू की अपनी ननद का दिल जीतने की।

कुछ पड़ोसिने भी मंथरा जैसे व्यक्तित्व वाली होती हैं। ये पड़ोसिने मोहल्ले पड़ोस में रहने वाली स्त्रियां भी हो सकती हैं और सास या जेठानी की सहेलियां भी। ये स्त्रियां अकसर बहू के खिलाफ सास के कान में हवा फूंकती रहती हैं। बहू के बाहर आने-जाने, छज्जे पर खड़े होने या बाहर के किसी व्यक्ति से हंसने बोलने की खूब जानकारी रखती हैं। ये स्त्रियां जासूसी स्वभाव की होने के कारण नौकर-नौकरानी से भी घुमा-फिरा कर बातें पूछती हैं। फिर नमक-मिर्च लगाकर उन बातों का जिक्र सास, ननद या जेठानी से करती हैं। बस फिर तिल का ताड़ बनते देर नहीं लगती। बहू की आलोचना होने लगती है।

बहू के रूप में स्त्री को अपने व्यक्तित्व पर यकीन रखना चाहिए और जहां तक हो सके, सब को खुश रखने का प्रयास करना चाहिए। यूं किसी का भी मुंह नहीं पकड़ा जा सकता अर्थात् किसी को कोई भी अच्छी-बुरी बात करने से रोका नहीं जा सकता। यदि आप ग़लत नहीं हैं, दृढ़ निश्चयी हैं, तो अपने आप पर विश्वास रखिए। ऐसी औरतों से बहस में मत पड़िए। एक दिन ऐसा आएगा जब वे स्वयं ही आपकी आलोचना बंद कर देंगी।

ससुराल के अन्य रिश्ते

ससुर को पूरी तरह सम्मान दें

ससुराल में बहू के सम्मान का मुख्य केंद्र बिंदु ससुर होता है। सारे निर्णय, अधिकार और घर के सारे नियम-कानून घर का मुखिया होने के कारण ससुर के हाथ में ही होते हैं। यदि बहू अपने ससुर को खुश रख पाती है, तो मानो घर की रानी बन जाती है।

प्राचीन काल में बहू से आज की अपेक्षा भिन्न आकांक्षाएं होती थीं। तब ससुर बहू के मायके से अधिक दहेज आदि की कामना करते थे, बाकी चीजें व बहू के आचार-व्यवहार की महत्ता गौण होती थी। इसके कुछ कारण भी थे। प्रायः बहुएं कमउम्र की और कम पढ़ी-लिखी होती थीं। पर्दा प्रथा और बड़ों के सम्मान की भावना के कारण वे ससुराल में दबकर रहती थीं। इस कारण ससुर को बहू के व्यवहार की अधिक जानकारी या अधिक चिंता नहीं होती थी, परंतु आज समय के साथ-साथ पारिवारिक रिश्तों में बहुत परिवर्तन आया है। बहुएं पढ़ी-लिखी व समझदार होती हैं। अतः ससुर की मुख्य अपेक्षा बहू से मान-सम्मान पाने की होती है। यदि बहू अपने ससुर की आदतों को जानकर उनके खान-पान, पूजा, स्नान, वस्त्र, अध्ययन आदि की वस्तुएं समय पर प्रस्तुत कर देती है, तो ससुर बहू से जल्दी खुश हो जाते हैं। यदि ससुर के दिल में बहू के प्रति 'सॉफ्ट कार्नर' बन जाता है, तो इस कृपा का लाभ बहू को यदा-कदा मिलता ही रहता है।

ससुर के बहू से खुश रहने पर यदि कभी बहू की अपनी सास से तकरार भी हो जाती है, तो ससुर बहू का पक्ष लेकर अपनी पत्नी को चुप कराने का प्रयास करते हैं या फिर नोक-झोंक की नौबत आने के पहले ही अपनी पत्नी यानी बहू की सास को किसी और काम में उलझाए रखते हैं। ठीक ऐसा ही अन्य पारिवारिक रिश्तों से समायोजन में भी होता है।

परंतु किसी भी बहू के लिए अपने ससुर को खुश रख पाना बहुत आसान नहीं होता है। चूंकि ससुर बहू के पति का पिता होता है, अतः उसने अपने बेटे के विवाह से पहले ही उसकी पत्नी से अनेक अरमान पाले होते हैं, जैसे कि बहू आकर मेरी सेवा करेगी, मुझे घर में बहुत मान मिलेगा। इसलिए हर बहू के लिए सभी तरह की कल्पनाओं को पूरा करके ससुर का दिल जीतना थोड़ा कठिन अवश्य होता है।

यद्यपि ससुर की मुख्य अपेक्षा बहू से उत्तम व्यवहार की होती है, परंतु उसके मायके से भी अनेक अपेक्षाएं होती हैं। ये अपेक्षाएं बहू के पिता अथवा भाइयों से आदर-सत्कार और मान-सम्मान पाने की होती हैं। बेटे का रिश्ता तय होते ही पिता की बहू के मायके वालों से अपेक्षाएं शुरू हो जाती हैं, जो विवाह के बाद भी सदैव बनी ही रहती हैं। कुछ ससुर पैसे के लेन-देन या दहेज की अपेक्षा रखते हैं। वे चाहते हैं कि कोई भी अवसर हो, बहू के मायके वाले अच्छा सामान, उपहार आदि भेजते रहें। हालांकि ऐसी अपेक्षाएं तो हर किसी के लिए पूरा करना आसान नहीं होता, परंतु इज्जत, मान-सम्मान की अपेक्षा अवश्य पूरी हो सकती है।

यदि बहू अपने ससुर का दिल जीत कर परिवार में प्रशंसा और सम्मान पाना चाहती है, तो उसे कुछ बातों का अवश्य ध्यान रखना चाहिए–

- विवाह होते ही उसे अपने ससुर की खान-पान एवं दिनचर्या संबंधी आदतें तथा पसंद-नापसंद जानने का प्रयास करना चाहिए।
- ससुर को भोजन में क्या पकवान बहुत पसंद हैं, यह बात बहू को अच्छी तरह जान लेनी चाहिए और यदा-कदा बनाकर वे चीजें खिलानी भी चाहिए। यदि वे चीजें बहू को बनानी न आती हों, तो उसे सास से या घर के अन्य सदस्यों से बनाना सीख लेना चाहिए।
- ससुर को यदि किसी व्यवहार, किसी ड्रेस, किसी खान-पान से सख्त नफरत हो, तो बहू को उससे बचने का प्रयास करना चाहिए।
- बहू को अपने ससुर को उचित मान-सम्मान देना चाहिए। यदि उन्हें बहू का सिर पर पल्लू रखना पसंद हो, तो बहू को कोशिश करना चाहिए कि उनके सामने जाते समय वह सिर पर पल्लू रख ले।
- यदि प्रतिदिन सुबह संभव न भी हो, तो विशेष अवसरों व त्योहारों पर सास-ससुर के पांव अवश्य छूने चाहिए। हमारे भारतीय परिवारों में प्रायः ससुर को मान-सम्मान में मुख्य रूप से बहू द्वारा पैर छूने की परंपरा बहुत अच्छी लगती है और वे बहू के पैर छूने पर उसे आशीर्वाद देकर बहुत खुश होते हैं।

- यदि ससुर को सुबह दुकान या ऑफिस जल्दी जाने की आदत हो, तो समय से पूर्व नाश्ता प्रस्तुत करके उन्हें खुश कर देना चाहिए। इसी प्रकार यदि किसी खास वक्त पर उन्हें नीबू-पानी या चाय पीने की आदत हो, तो इस बात का बहू को ख्याल रखना चाहिए।

- यदि ससुर का मूड खराब हो अथवा वह किसी बात पर क्रोधित हों, तो बहू को पलट कर जवाब नहीं देना चाहिए। ऐसी बातों से ससुर बहू से बहुत नाराज हो जाते हैं। जिस प्रकार बहू अपने पिता के घर में अपने पिता या बड़े भाइयों की डांट-फटकार सुनती रही है, उसे चाहिए कि ससुर को भी पिता के समान मानकर उनकी बात चुपचाप सुने। ससुर यदि कभी डांटते हैं, तो क्या हुआ, वह बहू को लाड़ भी तो करते हैं।

- हर ससुर अपने पोते-पोतियों को बहुत लाड़ करते हैं, अतः बहू को अपने बच्चों को खुशी-खुशी दादी-दादा के पास जाने देना चाहिए। कुछ बहुएं अपने बच्चों को सिखाती रहती हैं कि दादा के पास मत जाना या वह बुलाएं तो मना कर देना या दादा को ऐसा बोल देना, यह सर्वथा गलत है। ससुर पिता समान है, पोते-पोतियों को खिलाने व प्यार करने का उनका पूरा हक है। यह उन्हें मिलना ही चाहिए। इससे उनके मन को बहुत शांति मिलती है।

- कभी भूलकर भी ससुर को अपशब्द न कहें। याद रखें कि शरीर के घाव भर जाते हैं, मगर शब्दों द्वारा मन पर लगी चोट के घाव कभी नहीं भरते। आपके मीठे बोल ही आपको ससुराल में सबसे प्यार व मान-सम्मान दिलाते हैं। अतः ससुर से सदैव इज्जत के साथ मीठी भाषा में बात करें।

- ससुर की बहू के मायके से सदैव मान-सम्मान पाने की अपेक्षाएं रहती हैं, अतः बहू को अपने माता-पिता को ससुराल के संस्कारों के बारे में जानकारी देते रहना चाहिए। यदि कोई शुभ अवसर या त्योहार का मौका है, तो मायके की ओर से क्या शगुन होता है, यह मायके में बता देना चाहिए तथा ससुर को पर्याप्त सम्मान देने की बात भी समझा देना चाहिए।

- यदि कभी ससुर या जेठ आदि बहू के मायके में जाने वाले हैं, तो संभव हो, तो बहू को अपने मायके में इसकी पूर्व सूचना दे देना चाहिए, ताकि ससुर व जेठ को उचित तैयारी के साथ मान-सम्मान मिल सके।

- बहू को अपने बच्चों को दादा-दादी का सम्मान करना सिखाना चाहिए। इससे ससुर को यह सोचकर खुशी होती है कि बहू बहुत खानदानी व अच्छे संस्कारों वाली है, तभी अपने बच्चों को अच्छे संस्कार दे रही है। इस प्रकार ससुर के दिल में बहू के प्रति प्रशंसा का भाव उमड़ता है।
- बहू को चाहिए कि अपनी सास अथवा पति की शिकायत, आलोचना या चुगलखोरी अपने ससुर से न करे। ससुर चाहे बहू से कितना ही खुश क्यों न हो, अपनी पत्नी या बेटे की आलोचना अपनी बहू से नहीं सुन सकता।
- कभी-कभार यदि संभव हो, तो बहू अपने पति या सास की प्रशंसा ससुर के सामने करे, तो ससुर पर उसका अच्छा प्रभाव पड़ता है।
- घर में सास, जेठ-जेठानी, ननद आदि को इज्जत देने से ससुर के मन में बहू के प्रति आभार का भाव प्रकट होता है और वह बहू के व्यवहार से खुश हो जाते हैं।
- ससुर की इच्छा के विरुद्ध आचार-व्यवहार से बचना चाहिए। खासकर रिश्तों के चलन व्यवहार में उनकी इच्छा के विपरीत संबंध नहीं बढ़ाने चाहिए।

ससुर को पिता की तरह सम्मान देकर आप सास और पति के साथ-साथ सभी परिवार वालों की दृष्टि में स्वयं ही सम्मान की पात्र बन जाती हैं। अतः अपने आचरण से सभी को भरपूर सम्मान दें।

संक्षेप में यही कहा जा सकता है कि हर बहू का दायित्व है कि वह अपने ससुर से मीठी भाषा में नपे-तुले शब्दों में बात करे, उन्हें उचित मान-सम्मान दे, ताकि ससुर के मन में जगह बना सके। ससुर को खुश करके हर स्त्री ससुराल में बहुत-सी खुशियां पा सकती है। यदि सास-ससुर खुश होते हैं, तो ननद, देवर भी भरपूर सम्मान करते हैं। बहू की खुशी के लिए ससुर अपने बेटे को भी समझाते रहते हैं। इस प्रकार आपके पति भी आपकी इच्छा के विरुद्ध नहीं जा सकते।

बहू ससुराल में सब का मन कैसे जीते

हर लड़की अपने विवाह का सुंदर सपना देखती है। उसके सपनों का राजकुमार नौजवान व छैल-छबीला होता है। फिर एक दिन वह विवाह के गृहस्थ जीवन में प्रवेश करती है। विवाह करते ही पति के अतिरिक्त अनेक नए संबंध उसकी जिंदगी से जुड़ जाते हैं, जो पति के समान ही अति महत्त्वपूर्ण होते हैं। सास, ननद, जेठ, जेठानी, देवर आदि अनेक रिश्ते उसके जीवन में महत्त्वपूर्ण स्थान लेने लगते हैं।

धीरे-धीरे उसके जीवन में अनेक अपेक्षाएं व उम्मीदें जन्म लेने लगती हैं, जिनकी कसौटी पर खरा उतरना कभी-कभी मुश्किल भी हो जाता है। वह सास की लाडली बहू बनना चाहती है, ननद और देवर की प्यारी भाभी बनना चाहती है। नई बहू घर के सभी अन्य सदस्यों के बीच आकर्षण का केंद्र बन जाती है। हर कोई अपने सुविधानुसार बहू के व्यवहार को परखने का प्रयास करने लगता है और तरह-तरह की अपेक्षाएं भी करने लगता है। कभी-कभी बहू के लिए इन अपेक्षाओं को पूरा करना व सबकी उम्मीदों पर खरा उतरना कठिन हो जाता है। वह सबके साथ सही तालमेल नहीं रख पाती है और उसकी गृहस्थी की गाड़ी चरमराने लगती है।

बहू को चाहिए कि शुरू से ही सब के साथ सही तालमेल बिठाने का प्रयास करे, ताकि उसे ससुराल में किसी प्रकार की कठिनाई का सामना न करना पड़े और वह सबकी प्रशंसा पा सके। बहू को चाहिए कि वह कुछ बातों का ध्यान इस प्रकार रखे–

1. बहू को चाहिए कि वह यह समझ ले कि अब यही घर मेरा घर है। वह चाहे अमीर खानदान से आई हो अथवा गरीब घर से, वहां के स्तर को भूलकर उसे ससुराल के रहन-सहन व स्तर का खयाल रखना चाहिए। उसे हर प्रकार से समर्पित भाव से ससुराल के अनुकूल जीवन बिताना चाहिए।

2. बहू को चाहिए कि शुरू से ही अपनी सास में मां का रूप देखे। मां के समान ही पूछ-पूछ कर कार्य करे और न आता हो, तो बेझिझक बताकर कार्य को समझने का प्रयास करे। इसी प्रकार ननद में भी उसे बहन का रूप ही देखना चाहिए। इससे उसे सास व ननद का प्यार मिलेगा और वह आसानी से सबके साथ सामंजस्य बिठा सकेगी।

3. नई बहू यदि अपनी सास से तालमेल बिठाकर चलती है, तो वह घर के रीति-रिवाज या रहन-सहन में परिवर्तन आसानी से कर सकती है। सास के सहयोग से वह आसानी से सभी से तालमेल बिठा सकती है। उसे सभी बातों में सास का सहयोग लेना चाहिए।

4. बहू को अपने देवर व ननद को इज्जत देनी चाहिए, ताकि वह उनका दिल जीत सके। यदि नई बहू अपनी ननद व देवर का दिल जीत लेती है, तो ससुराल में बहुत कुछ मनमानी कर सकती है। उनके सहयोग से बहुत से इच्छित कार्य कर सकती है व उनसे करा सकती है। यदि बहू का व्यवहार उनके साथ छोटी बहन या छोटे भाई जैसा होगा, तो आपस में तनाव का माहौल नहीं रहेगा, जिससे बहू को सर्वत्र प्रशंसा मिलेगी।

5. बहू को पति तथा परिवार की हैसियत के अनुसार खर्च करने की आदत डालनी चाहिए। यदि बहू एक अत्यंत धनी ससुराल का सपना संजोकर

आती है और वैसा ही खर्च करना शुरू कर देती है, तो किसी के मन को नहीं भाती। कई बार विवाह के पूर्व ससुराल का दिखावा कुछ और होता है और वास्तविकता कुछ और। अतः बहू को ससुराल में जाने के बाद वहां की वास्तविकता से सामना होने पर उसी के अनुसार खर्च करने की आदत बना लेनी चाहिए।

6. बहू को अपनी ससुराल में सभी बड़ों का आदर करना चाहिए। उनकी आदत व इच्छा का ध्यान रखना चाहिए। यदि बहू अपने ससुराल वालों का मन जीत लेगी, तो बाद में अपनी हर इच्छा पूरी करा सकेगी। ऐसे में उससे कोई गलती भी हो जाए, तो घर के बड़े-बुजुर्ग हमेशा उसी का साथ देंगे।

7. नई बहू को शुरू से ही सभी के खाने-पीने की इच्छा व शौक का ध्यान रखना चाहिए। ऐसे में विशेष रूप से सास की मर्जी अवश्य जानकर रखनी चाहिए, ताकि खाने की वजह से सास-बहू में मनमुटाव न हो।

8. प्राचीन काल में सास की अपेक्षाएं बहू से बहुत अधिक होती थीं, उनके पूरा न कर पाने पर आपसी मनमुटाव व कलह होता था। परंतु आज की बहू पढ़ी-लिखी होती है और वयस्क हो चुकी होती है। इसी प्रकार प्रायः सासें भी शिक्षित होती हैं। उनकी बहू से जो सबसे अधिक अपेक्षा होती है, वह है बहू द्वारा दिया गया मान-सम्मान। बहू को चाहिए कि अपनी सास-ससुर को खूब मान-सम्मान प्रदान करे।

9. यदि ऐसा अवसर आता है कि बहू को अपनी सलाह अपने बड़ों को देने की आवश्यकता पड़े, तो बहू को ध्यान रखना चाहिए कि वह अपनी सलाह इतनी कुशलतापूर्वक दे कि घर के बुजुर्गों के सम्मान को ठेस न पहुंचे। मतलब यह कि बहू को बड़ों को खुश करने में इतना कुशल होना चाहिए कि अपनी बात मनवाना चाहे, तो भी उन्हें बुरा न लगे।

10. बहू को ससुराल पक्ष के सभी रिश्तेदारों की आवभगत करनी चाहिए, जितनी कि वह अपने रिश्तेदारों की करती है। यदि वह ससुराल पक्ष के मेहमानों का आदर-सत्कार नहीं करती, तो ससुराल में उसकी प्रशंसा नहीं होती, इसके विपरीत वह रिश्तेदारों की आलोचनाओं का केंद्र बन जाएगी।

अंत में यही कहा जा सकता है कि ससुराल में सभी का मन जीतकर बहू अपना भविष्य सुखमय बना सकती है।

जेठानी-देवरानी के रिश्तों में तकरार

जेठानी और देवरानी का रिश्ता प्रायः दो बहनों के समान होता है। लेकिन देखने में आता है कि संयुक्त परिवारों में जेठानी व देवरानी के रिश्तों में तकरार होती रहती है। उनमें आपसी प्यार के स्थान पर ईर्ष्या व भीतरी तनाव बना रहता है।

आज सीमित परिवारों के कारण परिवार में एक या दो बच्चे ही होते हैं। दो बच्चों में यदि दोनों बच्चे लड़के हों, तो उनमें सामान्यतया बचपन से ही एक दूसरे से आगे निकलने की भावना बनी रहती है। विवाह के पश्चात् उनकी पत्नियां जब एक ही घर में रहती हैं, तो उनमें शुरू में खूब प्यार बना रहता है। वे एक दूसरे का खूब ध्यान रखती हैं, परंतु समय बीतने के साथ-साथ उनमें प्रेम के स्थान पर प्रतिस्पर्द्धा व द्वेष की भावना पनपती जाती है।

कुछ घरों में देखने में आता है कि बड़े की पत्नी यानी जेठानी सीधी-सादी व मिलनसार होती है। वह सास-ससुर, पति व देवर का खूब ध्यान रखती है, लेकिन जब तेज-तर्रार देवरानी घर में आ जाती है, तो वह अपनी जेठानी के लिए सबका प्यार देखकर जल-भुन जाती है। उसे यूं लगता है कि परिवार के सारे लोग जेठानी को अधिक प्यार करते हैं। घर में उन्हीं की चलती है। घर में वही होता है, जो वह चाहती है। ऐसी स्थिति में देवरानी घर में अधिकार व बड़ों का प्यार पाने के लिए तरह-तरह के हथकंडे अपनाने लगती है। नतीजा यह होता है कि आपसी प्यार बिखरने लगता है। बहुत बार जेठानी के प्रति बड़ों का विश्वास तोड़ने में देवरानी सफल हो जाती है।

कहीं-कहीं छोटी बहू आते ही पति को फुसलाना शुरू कर देती है कि घर में तुम्हारा है ही क्या? जो भी है, वह बड़े भइया और भाभी का है। एक दिन वे सब चीजों पर कब्जा जमा लेंगे और तुम खाली हाथ देखते रह जाओगे। धीरे-धीरे

छोटे भाई पर पत्नी का रंग चढ़ने लगता है और घर में छोटे-मोटे झगड़े शुरू हो जाते हैं, जिसकी परिणति संपत्ति पर अधिकार व बंटवारे के रूप में होती है। कुछ ही दिनों में भाइयों में दरार पड़ जाती है।

कुछ परिवारों में इसके विपरीत होता है। जब तक बड़ी बहू अकेली होती है, खूब मनमानी करके खुश रहती है, परंतु देवर का विवाह होते ही अपना रंग दिखाना शुरू कर देती है। जेठानी को यूं लगता है कि जिस देवरानी को वह इतने लाड़ से विदा कराके लाई है, वही उसका हक छीनने लगी है। घर के सभी लोग नई-नवेली छोटी बहू का ध्यान रखने लगे हैं। वह पुरानी है, इस कारण उसे कोई नहीं पूछता। बस, तभी देवरानी-जेठानी की बहसबाजी और तकरार आरंभ हो जाती है।

प्रायः संभावना यह रहती है कि जेठानी और देवरानी यदि संयुक्त परिवार में रहती हैं, तो उनमें रिश्ते सामान्य नहीं रह पाते। लेकिन यदि वे अलग-अलग घर में रहती हैं, तो उनमें आपसी प्यार बना रहता है, क्योंकि वे आपस में रोज नहीं कभी-कभी ही मिल पाती हैं। उनमें आपसी प्रतिस्पर्द्धा भी नहीं होती, न ही छोटी-मोटी बातों पर झगड़े की नौबत आती है।

संयुक्त परिवार में रहने वाली जेठानी-देवरानी में झगड़े की एक वजह बच्चों का झगड़ा भी होता है। साथ खेलने में वे अकसर आपस में झगड़ पड़ते हैं। फिर वह झगड़ा उनके मां-बाप तक पहुंचता है। यदि जेठानी या देवरानी में से एक ने भी अपने बच्चे का पक्ष लेकर दूसरे के बच्चे को डांटा, तो जेठानी-देवरानी में आपसी झगड़ा बढ़ जाता है। बच्चे तो लड़-झगड़ कर थोड़ी ही देर में भूल जाते हैं और फिर साथ-साथ खेलने लगते हैं और बड़ों के बीच तनाव व दूरियां बढ़ जाती हैं।

यदि संयुक्त परिवार में रहने वाली जेठानी व देवरानी की रसोई एक ही हो, तो अकसर दोनों ही अपने-अपने बच्चों को खूब खिलाने-पिलाने में लगी रहती हैं। कोई फल, मेवा या मिठाई आए, तो दूसरे की निगाह बचाकर अपने बच्चों को देने की ललक दोनों में बनी रहती है। यही भावना दोनों में ईर्ष्या की भावना पैदा करती है।

एक साथ रहने वाली जेठानी-देवरानी में ईर्ष्या-द्वेष का एक अन्य कारण भी होता है। वह है दूसरे के बच्चों का बेहतर स्कूल में पढ़ना या बेहतर कपड़े पहनना, बेहतर भोजन खाना। यदि किसी परिवार में जेठानी व देवरानी एक ही घर में रहती हैं, चाहे उनका कारोबार व नौकरी अलग हो और रसोई अलग हो, वे एक दूसरे के उच्च रहन-सहन से भी ईर्ष्या करने लगती हैं, जिसे उनमें आपसी मनमुटाव व द्वेष रहता है। ऐसे में वे एक दूसरे से ऊपर से खूब हंस कर बात करती हैं, परंतु पीठ पीछे दूसरे की सुख-सुविधाओं को लेकर कुढ़ती रहती हैं। कभी-कभी यही कुंठा उनके आपसी झगड़े के रूप में प्रकट भी हो जाती है।

घरेलू कार्यों के कारण भी देवरानी-जेठानी में झगड़ा होता है। दोनों सोचती हैं, मैं अपना काम कर चुकी, अब दूसरी को करना चाहिए। मेहमानों के आने पर या उत्सव के मौके पर जब काम बढ़ जाता है, तो कामों को लेकर तकरार बढ़ जाती है।

समाधान

यूं तो ऐसी पारिवारिक स्थिति का कोई सामान्य समाधान नहीं निकाला जा सकता, फिर भी कुछ सुझावों को ध्यान में रखकर जेठानी-देवरानी आपसी प्यार बरकरार रख सकती हैं–

जेठानी व देवरानी को आपस में प्रेम बनाए रखना चाहिए। जेठानी को सदैव देवरानी को छोटी बहन के समान समझना चाहिए। यदि किसी बात पर

देवरानी को बुरा लगे या क्रोध आ जाए, तो जेठानी को इसे अपनी बेइज्जती न समझकर देवरानी को माफ कर देना चाहिए। इसी प्रकार देवरानी को भी नरम व्यवहार अपनाना चाहिए।

एक दूसरे से प्यार बनाए रखने के लिए दोनों को एक दूसरे के आगे अपनी चीजों की शान नहीं दिखानी चाहिए। उन्हें चाहिए कि वे एक दूसरे को अपनी चीजें प्रयोग करने दें, चाहे वस्त्र हों या कीमती प्रसाधन या आभूषण। इससे एक दूसरे के प्रति ईर्ष्याभाव नहीं रहेगा।

जेठानी-देवरानी को बच्चों के झगड़ों में नहीं पड़ना चाहिए, ना ही इस प्रकार का बीच-बचाव करना चाहिए, जो दूसरे के बच्चों के प्रति पक्षपात पूर्ण हो। सभी बच्चों की बात सुनकर जिसकी गलती हो, उसे ही डांटना चाहिए। यदि वे सदैव दूसरे के बच्चे को डांटेंगी और अपने बच्चे की हिमायत करेंगी, तो उनमें आपसी द्वेष बढ़ेगा।

आपस में छोटी-मोटी बातों पर बहस से बचना चाहिए व एक दूसरे की इच्छाओं व आवश्यकताओं का ध्यान रखना चाहिए।

संपत्ति आदि के बारे में अपने पति के कान नहीं भरने चाहिए। उन्हें समझना चाहिए कि पतियों को भी इस बात की खूब समझ होती है कि क्या गलत है और क्या सही। अकसर पत्नियां स्वयं को अक्लमंद साबित करने के लिए पति के कान भरना शुरू कर देती हैं।

घरेलू कार्यों के कारण होने वाले झगड़ों से बचना चाहिए। घर के सभी कार्यों में एक दूसरे को पूर्ण सहयोग देना चाहिए। यदि देवरानी के बच्चे का जन्म दिन है या उसका कोई रिश्तेदार मिलने आया है, तो जेठानी को उसके लिए रसोई के व अन्य कार्य करने में सहयोग देना चाहिए। इसी प्रकार जेठानी के यहां ऐसा कोई मौका हो, तो देवरानी को कार्यों में हाथ बंटाना चाहिए।

जेठानी-देवरानी को अपने बच्चों में दूसरे के प्रति ईर्ष्या की भावना नहीं पनपने देनी चाहिए, न ही एक दूसरे की जासूसी के लिए बच्चों का प्रयोग करना चाहिए। इससे आपसी रिश्ते तो बिगड़ते ही हैं, बच्चों में भी गलत आदतें पड़ती हैं। वे भी बचपन से ही ईर्ष्या, द्वेष, कुंठा व तनाव जैसी भावनाओं के शिकार हो जाते हैं।

यदि जेठानी समझदार हो, तो वह देवरानी का व्यवहार धीरे-धीरे बदल सकती है, उसके भीतर परिवार के प्रति प्यार व त्याग की भावना जागृत कर सकती है। जेठानी चूंकि परिवार में पहले आई होती है, अतः परिवार के तौर-तरीके,

सभी के व्यवहार से वह पहले से वाकिफ होती है। यदि वह चाहे तो देवरानी के गलत अथवा ओछे व्यवहार को धीरे-धीरे अपने सद्व्यवहार द्वारा बदल सकती है। उसकी स्वार्थी भावनाओं को बदलकर उसमें प्रेम व आपसी मैत्री को बढ़ावा दे सकती है। ऐसे अनेकों उदाहरण देखे जा सकते हैं, जहां बड़ी बहू समझदार व सुघड़ हो, तो छोटी बहू को परिवार का माहौल खराब नहीं करने देती, उसे भी सुधार देती है, जिससे परिवार में आपसी प्यार बना रहता है।

मेहमानों के ऊधमी बच्चे

ज्योति के घर उसकी ननद अंजू आने वाली थी। ज्योति बहुत खुश थी कि अंजू लगभग दो वर्ष बाद उनके घर दो सप्ताह के लिए आ रही थी। लेकिन अंजू को आए 2-3 दिन ही बीते थे कि ज्योति सारा दिन यह सोचती रहती कि क्यों उसने अंजू को बुलाने का कार्यक्रम बनाया। उसे क्या पता था कि अंजू का 5 वर्षीय बेटा बंटी इतना शरारती हो गया होगा। ज्योति सारा दिन बंटी के आगे पीछे घूमती रहती। बंटी कभी मेज पर चढ़कर बिस्कुट उतार रहा होता, तो कभी ड्रेसिंग टेबल का सामान बिगाड़ रहा होता। अंजू को बताने पर वह हंस कर कहती, 'अरे मेरा बेटा तो है ही शैतान, पर शैतान बच्चे ही अच्छे लगते हैं, है न भाभी?' ज्योति चुप होकर रह जाती, क्योंकि अंजू अपने बेटे को कभी भी डांटती नहीं थी, न ही समझाती थी। जैसे-तैसे हफ्ता भर बीता था कि अंजू के पति का फोन आ गया कि वे अंजू को लेने आ रहे हैं और अगले दिन अंजू चली गई। ज्योति ने राहत की सांस ली।

ऐसा ही कुछ अनुभव अनेक लोगों को भुगतना पड़ता है। प्रायः घरों में घर के सगे रिश्तेदारों के बच्चों का आना-जाना लगा ही रहता है। दूर के रिश्तेदारों या मेहमानों का आना तो टाला जा सकता है, परंतु जेठानी, देवरानी, ननद, भाभी आदि इतने नजदीकी रिश्ते हैं, जिनका आना अकसर होता ही रहता है। कुछ परिवारों में मित्रों या सहेलियों के बच्चे भी मेहमान बनकर घर में आते हैं। आजकल लोगों ने इस बात का फैशन के रूप में स्वीकार किया हुआ है कि बच्चा चाहे जो भी गलती या शैतानी करे, उसे डांटो नहीं। अधिकांश माता-पिता यह दर्शाने के लिए कि हमारा बच्चा बहुत लाडला है, बच्चे के बदतमीजी करने पर उसे हंस कर टाल देते हैं। नतीजा यह होता है कि बच्चा दिन-पर-दिन गलत हरकतें करता जाता है।

आप ही सोचिए कि किसका बच्चा लाड़ला नहीं होता? हर मां-बाप के लिए हर बच्चा प्यारा व लाड़ला होता है। प्राचीन काल में जब चार-छः बच्चे होते थे, तब भी लाड़ले होते थे। आज जब एक या दो बच्चे होते हैं, वह भी लाड़ले होते हैं। परंतु लाड़ करने का यह तात्पर्य हरगिज नहीं कि बच्चे के गलत व्यवहार या नुकसान करने पर बच्चे को डांटा ही न जाए। बच्चे को डांटने या समझाने का तरीका हर किसी का अपना अलग हो सकता है, परंतु बच्चे को गलती न बताना मूर्खता है।

ऐसे शैतान बच्चे जब मेहमान बन कर किसी के घर जाते हैं, तो मेजबान की हालत खराब हो जाती है कि वह मेहमानों की खातिरदारी करे या शैतान बच्चों की देखभाल करे। उसे यही चिंता रहती है कि मैं नाश्ता तैयार कर रही हूं, इतनी देर में बच्चा कहीं कोई नुकसान न कर दे।

चूंकि मेहमान अपने बच्चे को कुछ नहीं कह रहे होते हैं, अतः मेजबान असमंजस में होता है कि वह क्या करे? यदि बच्चे को डांटा तो मेहमान के नाराज होने का डर होता है और यदि नहीं डांटा या रोका, तो बच्चे के नुकसान कर देने का डर बना रहता है।

ऐसी स्थिति में मेजबान स्त्री को बहुत ही कुशलता से स्थिति को संभालने की आवश्यकता होती है। मेजबान महिला को चाहिए कि बच्चे की शिकायत बार-बार रिश्तेदार मेहमान से न करे। क्योंकि इस स्थिति में मेहमान के बुरा मानने व रिश्ते बिगड़ने की संभावना हो सकती है। बेहतर यह है कि बच्चे के शैतानी करने पर उसे आप इस प्रकार समझाएं कि उसे आपका डांटने का डर लगे और उस तरह की शैतानी करने से पहले सोचे, मसलन आप उससे कह सकती हैं कि तुम यह खिलौना बार-बार उतार रहे हो, अगर तुमने अबकी बार उतारा, तो मैं तुम्हें डांटूंगी। आपकी बात में इतना दम होना चाहिए कि बच्चे को आपकी डांट का डर हो।

परंतु इस बात का सदैव ध्यान रखें कि बच्चे को इतनी जोर से न डांटें कि उसके मां-बाप सुन लें। ऐसे शैतान व जिद्दी बच्चे बहुत चालाक होते हैं। आपके जरा-सा डांटने या आंख दिखाने पर वे जोर से चीख कर रोना शुरू कर देते हैं या जोर से दहाड़ मार कर गिर पड़ते हैं कि मानों आपने उसे बहुत मारा हो। उन्हें पता होता है कि उनके रोने पर उनके मम्मी-पापा दौड़े आएंगे और उसका पक्ष लेकर उसे मनाने लग जाएंगे। ऐसे बच्चे रूठने का इतना उपक्रम करते हैं कि डांटने वाला घबरा ही जाए, मानों उसने डांट कर बहुत बड़ी गलती कर दी है।

यदि हो सके, तो बच्चे को प्यार से समझाने का भी प्रयास करना चाहिए। वैसे तो शैतान बच्चों की समझ में ऐसे प्यार से समझाई गई बातें कम ही आती हैं। यदि मेजबान को पहले ही पता हो कि मेहमान का बच्चा बहुत शैतान है, तो उसकी आयु के अनुसार आप जिन उपकरणों या सजावटी सामान को हटा सकती हों, हटा दें। उदाहरण के लिए ड्रेसिंग टेबल का सामान या मेकअप का सामान। यह चीजें 6-7 साल तक के लड़के या लड़कियां छेड़ती हैं। अतः यदि आने वाले मेहमान के बच्चे लगभग इसी उम्र के हैं, तो ड्रेसिंग टेबल साफ कर दें।

आपको चाहिए कि शैतान बच्चों वाले मेहमानों को अपनी शक्ति व सामर्थ्य के अनुसार कम दिन रहने के लिए बुलाएं, जितने दिन की आप उन बच्चों की भली प्रकार देखभाल कर सकती हैं।

मेहमानों का दायित्व

यदि किसी से उसके बच्चे की आदत के बारे में पूछा जाए, तो शायद हर व्यक्ति यही कहेगा कि हमारा बच्चा तो सीधा है, औरों के बच्चों को देखो कितने शैतान होते हैं। जब कि हर किसी को वास्तविकता का पता होता है कि उनका बच्चा कितना शैतान है अथवा कितना कहना मानता है।

यदि आप मेहमान बनकर कहीं जा रही हों, तो आपका दायित्व है कि अपने बच्चे का ध्यान रखें, ताकि वह मेजबान की किसी वस्तु का नुकसान या कोई तोड़-फोड़ न करे।

आप अपने घर में बेशक अपने बच्चे को न डांटती हों, परंतु बच्चे को यह अवश्य समझाएं कि गलत व्यवहार और सही व्यवहार में क्या फर्क है। अच्छे व्यवहार वाले बच्चों की सभी प्रशंसा करते हैं।

अपने बच्चे पर इतना नियंत्रण अवश्य रखें कि वह मेहमानों के यहां कुछ भी ऊधम मचाने या शरारत करने से पहले आप से डरे। मेहमान के रूप में आपको यह अहसास होना चाहिए कि आपका बच्चा चाहे आपके लिए कितना भी लाड़ला है या आप चाहे कितने ही रईस हैं, परंतु दूसरे को बच्चे की इतनी शरारत हरगिज अच्छी नहीं लगेगी, चाहे मेजबान कितने ही रईस या मध्यम दर्जे के हों।

अपने बच्चों को सही तौर-तरीके सिखाकर आप किसी भी रिश्तेदार के घर अपनी छुट्टियां आराम से बिता सकती हैं। बच्चों को व्यवहार के सही तौर-तरीके दूसरों के घर जाने के पहले एक बार अवश्य याद दिला देने चाहिए।

मेहमान के रूप में आपका फर्ज है कि आप अपने मेजबान के कार्यों में

मदद करें, क्योंकि जो भी मेहमान आएं, मेजबान का कार्य तो बढ़ता ही है। ऐसे में यदि आप या आपके बच्चे। मेजबान के कार्यों में सहायता करेंगे, तो निश्चय ही उन्हें अच्छा महसूस होगा। इसके लिए आप यह भी सोच सकती हैं कि आपके यहां आए किसी मेहमान का बच्चा यदि आपका कोई कीमती या प्रिय सामान तोड़-फोड़ डाले और उसके माता-पिता उसकी इस शरारत पर हंस दें, तो आपको कैसा लगेगा। आपको यह भी देखना चाहिए कि आपके मेजबान की आर्थिक स्थिति कैसी है। उदाहरण के लिए यदि आपके बच्चे ने मेजबान की क्रीम की शीशी तोड़ दी या पाउडर का डिब्बा फर्श पर दे मारा, तो आपके लिए हो सकता है कि सौ-पचास रुपये का कोई फर्क न पड़े, किंतु मेजबान के लिए उस महीने उस वस्तु को खरीदने का बजट ही न हो। ऐसी स्थिति में वस्तु को कभी भी वस्तु की कीमत से न आंकें, बल्कि मेजबान की आर्थिक स्थिति आप उस वस्तु के प्रति उसकी भावना से उसका मूल्यांकन करें, साथ ही यह भी समझ लें कि नुकसान करने की आदत बच्चे की अच्छी आदत नहीं, उद्दंडता ही है और उसे उद्दंड बनाने के लिए कहीं-न-कहीं आपका गलत व्यवहार जिम्मेदार है। अतः बच्चे के ऊधमीपन से आपकी इमेज खराब होती है। इस बात को सदैव याद रखें।

बेटी के घर में मायके की दख़लअंदाज़ी

हर मां-बाप का सपना होता है कि उनकी बेटी ससुराल में सुखी रहे। इसके लिए वे अच्छे से अच्छा वर तलाश कर उसका विवाह करते हैं। उसकी सुख-सुविधा का हर सामान उसे विवाह में देते हैं। अपने घर में चाहे थोड़ी तंगी सह लें, परंतु बेटी के विवाह में हर आवश्यक चीज देने का प्रयास करते हैं। लाड़-प्यार से पाली बेटी जब विवाह के बाद आंखों से दूर होती है, तो माता-पिता के मन में उसके प्रति अतिशय प्रेम उमड़ पड़ता है। यह जानते हुए भी कि ससुराल में सभी प्रकार की सुख-सुविधाएं हैं, माता-पिता इसी आशंका में डूब रहते हैं कि बेटी कहीं परेशान न हो। पहले कुछ महीनों में बेटी जब मायके आती है, तो मां उससे कुशलता के साथ-साथ ससुराल के सदस्यों खासकर पति, ससुर, सास, ननद, देवर, जेठानी आदि के व्यवहार के बारे में पूरी जानकारी ले लेना चाहती है। इस जानकारी से मां जैसे संतुष्ट हो जाना चाहती है कि उसकी बेटी के प्रति ससुराल वालों का व्यवहार कैसा है तथा भविष्य में वे कैसा व्यवहार करेंगी, कहीं मेरी लाड़ली बेटी को कोई दुख तो नहीं देंगे?

शहरों में तो आज-कल माताएं इतना धैर्य भी नहीं रखतीं कि बेटी के लौटने पर उससे बातचीत करें, बल्कि एक दो दिन में फोन करके बेटी की स्थिति की जानकारी लेकर अपनी तसल्ली कर लेना चाहती हैं। बहुत-सी माताएं तो इतनी ज्यादा आशंकित होती हैं कि बेटी के 'सब कुछ ठीक है' कहने पर भी उन्हें तसल्ली नहीं होती और वे अपनी बेटी को और अधिक आराम पाने के लिए कुछ सुझाव, कुछ फार्मूले बताना नहीं भूलतीं। यदि गलती से बेटी सचमुच अपनी कोई परेशानी बता दे, फिर तो ऐसी माताएं ससुराल में राज करने के उन्हें ऐसे-ऐसे तरीके बताती हैं कि अकेली बेटी ही राजरानी की तरह पूजी जाए तथा सास, ननद और पति सभी उसके गुलामों की भूमिका में रहें।

बेटी के प्रति माता-पिता का यह प्रेम अस्वाभाविक नहीं है, किंतु माता-पिता को यह ध्यान अवश्य रखना चाहिए कि ससुराल उनकी बेटी के लिए पराया नहीं उसका अपना घर है।

मां द्वारा विवाह के पश्चात् की गई दखलंदाजी बेटी के परिवार का सुख छीन लेती है। मां अकसर भूल जाती है कि बेटी का सुख ससुराल वालों को सुखी रखने में है, लेकिन फिर भी वह अपनी बेटी को उसके निजी हित की बातें समझाने लगती है। हालांकि मां यह सोचकर कभी भी अपनी बेटी को कोई बात नहीं समझाती कि उसका घर-संसार उजड़ जाए। वह तो बेटी का व्यक्तिगत हित सर्वोपरि मान कर उसे तरह-तरह की सलाह दे बैठती है, मगर यह सलाहें ही कभी-कभी उसका बसा-बसाया घर-संसार उजाड़ देती हैं। जब मां कुरेद-कुरेद कर बेटी से पूछती है कि बेटी सास कैसी है, कुछ घर का काम करती भी है या तू अकेली करती रहती है? वह भजन-कीर्तन या अड़ोस-पड़ोस में तो नहीं घूमती रहती। दुनियादारी से अनजान बेटी मां को सर्वोत्कृष्ट हितैषी मानते हुए सभी बातें ज्यों-की-त्यों बता देती है। कई बार तो क्रमबद्ध रूप से परिवार की हर गतिविधियों की जानकारी बेटी द्वारा फोन पर मां को प्राप्त होती रहती है, जिनके बारे में मां अपनी उचित-अनुचित सलाह देती रहती है, और बेटी की सुख-शांति नष्ट होती रहती है।

श्रुति के साथ बिलकुल ऐसा ही हुआ। वह जोश में आकर मां को अकसर बताती कि मेरी ननद तो घर का जरा भी काम नहीं करती। कॉलेज के अलावा फोन से चिपकी सहेलियों से बातें करती रहती है। श्रुति की मां ने लाड़ जताते हुए कहा, 'अपनी प्यारी बेटी से मैंने एक दिन भी घर का काम नहीं कराया, झाड़ू, बर्तन तो दूर की बात है। वहां सास-ननद क्या महारानी हैं, जो तू सारा दिन उनकी सेवा में और घर के काम-काज में लगी रहती है? तू क्यों मरती रहती है सारा दिन काम करके?'

बस, धीरे-धीरे श्रुति के मन में सास व ननद के प्रति दुर्भावनाएं जन्म लेने लगीं। वह उनसे जब-तब प्रतिशोध लेने की सोचने लगी। वह जब भी मां से मिलती, उन्हें खूब विस्तार से सास-ननद की बातें बताती। मां भी खूब सलाह देती। नतीजा यह हुआ कि बेटी की सास-ननद से लड़ाई होने लगी। रोज-रोज की इस चख-चख से पति से तलाक की नौबत आ गई और श्रुति का घर-संसार उजड़ गया।

अकसर हर बेटी अपनी मां को अपनी सच्ची हितैषी मानती है और उनके

कहे अनुसार आचरण करती है। अतः हर मां का दायित्व है कि वह बेटी को उसे ससुराल में व्यवहार का सही तरीका बताए। उसे बताए कि अब ससुराल ही उसका अपना घर है। अतः वहां घर का कोई भी कार्य करने में झिझक नहीं होनी चाहिए। न ही इस बात में बेइज्जती महसूस होनी चाहिए कि सास काम करने को कहती है। क्योंकि जब बेटी मायके में थी, तो मां भी तो बेटी से कुछ न कुछ काम अवश्य कराती थी। कभी-कभी काम ठीक न होने पर डांट भी देती थी, तो फिर सास भी तो मां ही होती है। मां को ऐसा व्यवहार कभी नहीं समझाना चाहिए जैसे—तेरे पति या सास की इतनी हिम्मत जो तुझ से ऐसा कहा। इस प्रकार की बातों से बेटी की गलत व्यवहार करने की हिम्मत और बढ़ जाएगी।

मां को बेटी को सदैव यही शिक्षा देनी चाहिए कि तुम में जो भी गुण है—सरलता, नम्रता से उन्हें अपनाकर सभी से उत्तम व्यवहार करो। तुम पाक कला में निपुण हो, अतः अच्छी स्वादिष्ट चीजें बनाकर सब का मन जीत लो।

बेटी को भी चाहिए कि वह स्वयं पर नियंत्रण रखे। हर छोटी-बड़ी बात का जिक्र मायके में न करे। जो भी समस्या हो, स्वयं सुलझाने का प्रयास करे। अपने मायके की अमीरी का घमंड न करे। ससुराल की स्थितियों के अनुसार व्यवहार करे।

मां को बेटी के परिवार के मामलों जैसे संपत्ति, पति व मां के आपसी रिश्ते, पति की कमाई, आभूषणों का रख-रखाव आदि के बारे में अधिक जानकारी हासिल करने का प्रयास नहीं करना चाहिए। न ही बेटी से इन बातों को कुरेद-कुरेद कर पूछना चाहिए कि फलां मकान किसके नाम है, तू अपने नाम क्यों नहीं करवा लेती। मां को समझना चाहिए कि बेटी का अपना परिवार है, अपना पति व अपनी कार्य शैली है। ससुराल की भिन्न सामाजिक मान्यताएं हैं, अतः उसे अपने ढंग से जीने दें। आपने उसे पाल-पोस कर बड़ा कर दिया, जितनी शिक्षा, निपुणता, व्यावहारिक-ज्ञान, मर्यादाएं सिखानी थीं, सिखा दीं, अब इसे अपने ढंग से अपनी गृहस्थी संभालने दें।

यदि बेटी कामकाजी हो, तो पति के साथ कार्यों का तालमेल उसे खुद बिठाने दें। आपकी सलाह की उसे आवश्यकता नहीं। वह खुद समझदार है। अतः स्वयं पति का सहयोग प्राप्त कर लेगी।

प्राचीन काल में संभवतः बेटी के घर भोजन करना या आना-जाना इसी कारण निषिद्ध था, ताकि मायके वालों का बेटी के घर-परिवार में हस्तक्षेप न रहे। बेटी अपनी स्थितियों के अनुसार स्वयं को ढाले और अपनी गृहस्थी को संभाले।

मां का यह भी दायित्व है कि यदि बेटी ससुराल में गलत व्यवहार करती है। बड़ों की इज्जत नहीं करती या पति से झगड़ती है, तो बेटी को समझाएं कि अब वही उसका घर है। पति की इज्जत व प्यार पाने में जो सुख है, वह झगड़ा करने में नहीं। पति की डांट का बुरा न माने, क्योंकि उसका पति उसे प्यार भी बहुत करता है। इस प्रकार मां को बेटी के ससुराल में कम-से-कम हस्तक्षेप करना चाहिए।

विवाहित बेटी का मायके में हस्तक्षेप

जिस प्रकार मां का बेटी के परिवार में हस्तक्षेप ठीक नहीं है, ठीक उसी प्रकार विवाहित बेटी का मायके में अधिक हस्तक्षेप अनुचित है।

हर बेटी अपनी गृहस्थी को अपने प्यार, व्यवहार व संवेदनाओं द्वारा संभालती है। जिस प्रकार कोई भी बेटी अपना परिवार स्वयं संवारना चाहती है, उसी प्रकार उसे अपने भाई व भाभी के पारिवारिक जीवन में दखलअंदाजी नहीं करनी चाहिए। अपनी भाभी को अपनी इच्छानुसार घर चलाने देना चाहिए।

विवाहित बेटी को अपनी भाभी या उसके मायके वालों से अधिक अपेक्षाएं नहीं रखनी चाहिए। हर लड़की को विवाह के पश्चात् अपनी सोच व्यावहारिक, संतुलित, विवेकशील व मर्यादापूर्ण रखनी चाहिए, ताकि वह अपना परिवार भी भली प्रकार संभाल सके, साथ ही भाई का घर भी अच्छी प्रकार बसने दे। उसे अपनी ससुराल और मायके में स्नेह का बंधन स्थापित करना चाहिए, ताकि दोनों परिवारों में आपसी प्यार बना रहे व किसी प्रकार की दुर्भावना या अविश्वास पैदा न हो।

जिस प्रकार कोई भी समझदार बेटी यह सहन नहीं करती कि उसके व पति के मामलों में कोई तीसरा पक्ष हस्तक्षेप करे, चाहे वे पति के भाई-बहन, भाभी या मां-बाप ही क्यों न हों, उसी प्रकार बेटी को अपने भाई, भाभी के जीवन में कटु बातों व व्यवहार से बचना चाहिए। उसे अपने भाई के मन में भाभी के व्यवहार के प्रति दुर्भावना कभी व्यक्त नहीं करनी चाहिए, भाभी की प्रशंसा कर वह भाई-भाभी दोनों का प्यार पा सकती है।

बेटी को इधर-उधर की, आग लगाने-बुझाने की आदतों को तिलांजलि दे देनी चाहिए। अपनी पारिवारिक समस्याएं उसे स्वयं सुलझानी चाहिए और अपने मायके में भी दखलअंदाजी नहीं करनी चाहिए। तभी वह अपना वैवाहिक जीवन सुखमय बना सकेगी।

जीजा-साली के रिश्ते

जीजा के लट्टू होने पर

जिस प्रकार हर लड़की के लिए विभिन्न रिश्तों का महत्त्वपूर्ण स्थान होता है, ठीक उसी प्रकार उसके लिए अपना जीजा भी बहुत प्यारा और महत्त्वपूर्ण होता है। देखने में आता है कि अकसर जीजा को अपनी छोटी साली, जो पत्नी से थोड़ी ही छोटी होती है, बहुत अधिक प्यारी होती है। वह अपनी पत्नी की बात माने या न माने, पर अपनी साली की बात अकसर मान लेता है। कुछ पति तो ऐसे होते हैं, जो अपनी पत्नी से ज्यादा अपनी साली पर लट्टू रहते हैं। कारण यह कि पत्नी तो हरदम साथ रहती है, अतः उसकी अच्छाइयों के साथ-साथ बुराइयां भी दिखाई पड़ती हैं, परंतु साली कभी-कभार कुछ देर को मिलती है, तो वह हंसती इतराती जीजा का मन मोह लेती है।

यूं तो साली भी अपने जीजा की अदाओं पर फिदा रहती है। कुछ उन्मुक्त व आधुनिक परिवारों में सालियां जीजा से लिपटती-चिपटती भी रहती हैं। यह नहीं कहा जा सकता कि जीजा साली का यह उन्मुक्त और स्वच्छंद व्यवहार एकदम गलत है। यह एक सामान्य-सी बात है कि जीजा-साली के बीच छेड़छाड़ या मजाक चलती रहे, परंतु हर लड़की का दायित्व है कि अपने जीजा के अति नजदीक आने से बचे। उसे अपने पर फिदा होने का इतना मौका न दे कि जीजा उसकी बहन को भूलकर केवल उसकी ओर आकर्षित हो जाए। कोई भी लड़की यह कदापि नहीं चाहेगी कि उसकी बहन का परिवार टूट जाए। वह अपने सुख व खुशी के लिए बहन का घर कभी नहीं उजाड़ना चाहेगी।

कुछ जीजा अपनी साली को यह कह कर लिपटाते-चिपटाते या चूमते रहते हैं कि साली आधी घरवाली होती है। हमें तो हक है साली जी पर प्यार लुटाने का। उनका फार्मूला होता है–

पानी गिलास से पीते हैं, प्याली का मजा कुछ और ही है
प्यार बीबी से करते हैं, साली का मजा कुछ और ही है।

परंतु हर लड़की को चाहिए कि वह अपने जीजा से एक निश्चित दायरे में रहकर ही हंसी-मजाक करे। छेड़छाड़ व चुहलबाजी की एक सीमा होनी चाहिए। यह नहीं कि जीजा जब-तब साली का हाथ पकड़ ले या चूम ले। कुछ जीजा सालियों के बीच नान-वेज चुटकुलों का दौर चलता रहता है, जिससे उनके बीच शर्म का पर्दा उठ जाता है।

इस प्रकार की छेड़-छाड़ घातक सिद्ध हो सकती है। जीजा चाहे साली की कितनी ही प्रशंसा करे, उसे सीमा में रहकर प्रतिक्रिया जाहिर करनी चाहिए। आशिमा के साथ उसके जीजा अकसर खूब हंसी-मजाक करते थे। वह भी उन्हें प्यार से जीजू बुलाती थी। आशिमा की दीदी सोनालिका को कभी उनकी किसी बात का बुरा न लगता था। एक दो बार जीजा-साली फिल्म देखने चले गए, तो सोनालिका ने कुछ बुरा न माना। परंतु एक दिन वह अपनी किसी पार्टी में गई थी, अचानक उसके पेट में दर्द होने लगा, तो वह घर वापस आ गई। घर में अपने पति व आशिमा को पाकर वह हक्की-बक्की रह गई। आशिमा भी शर्म से पानी हुई जा रही थी।

जीजा के खुले व्यवहार का अति समर्थन दोनों के बीच गलत रिश्ते कायम कर सकता है। हर लड़की को अपने जीजा के चुम्बन व ऐसी छेड़छाड़ का शुरू से ही विरोध करना चाहिए, जिन्हें भारतीय मर्यादा के उपयुक्त नहीं समझा जाता। जीजा से रिश्ते बनाकर कोई भी लड़की न अपना घर बसा सकती है, न ही बहन की सौत बन कर रह सकती है और न ही बहन का घर उजाड़कर खुश रह सकती है।

जीजा से अकेले में मिलना, बहन के बिना अकेले घूमने जाना, फिल्म या प्रदर्शनी देखने जाना उचित नहीं है। ऐसी अवस्था से बचना चाहिए। कई बार बड़ी बहन की बीमारी में तीमारदारी करने आई बहन की ओर जीजा आकृष्ट हो जाता है। बहन को ऐसी स्थिति में जीजा से एक निश्चित दूरी बनाए रखनी आवश्यक है। यदि वह अपने व्यवहार में निश्चित सख्ती बरतेगी, तो कभी भी जीजा की उससे गलत व्यवहार की हिम्मत नहीं हो सकती।

जीजा के साथ मधुर एवं सुखद संबंध बनाए रखने के लिए एक निश्चित दूरी बनाए रखनी आवश्यक है। साथ ही जीजा के गलत व्यवहार की जानकारी अपने मां-बाप अथवा बहन को भी अवश्य देनी चाहिए, ताकि समय रहते गलत व्यवहार को नियंत्रित किया जा सके।

सहेली से रिश्ते

असहज यौन संबंध बर्बादी का रास्ता

सुमन और पुष्पा बड़ी पक्की सहेलियां थीं। दोनों बचपन से ही साथ-साथ एक ही स्कूल में पढ़ी थीं और साथ खेलकर ही बड़ी हुई थीं। कॉलेज में भी दोनों ने साथ ही प्रवेश लिया था। दोनों के माता-पिता को भी उनकी प्रगाढ़ मित्रता पर नाज था। चूंकि दोनों ही लड़कियां थीं, अतः उनकी बढ़ती प्रगाढ़ता पर किसी को एतराज न था।

वे दोनों एक दूसरे के साथ घंटों बिताया करतीं। कॉलेज से आते ही कभी सुमन पुष्पा के घर, तो कभी पुष्पा सुमन के घर होती। दोनों को ही अपने दिल की बात दूसरे को बताए बिना चैन न पड़ता। जहां जातीं, दोनों साथ जातीं। कभी-कभी रात भी एक दूसरे के घर बिता दिया करतीं। यदि कोई मित्र अथवा संबंधी उनकी मित्रता पर अंगुली उठाने की कोशिश भी करता, तो उनके माता-पिता दूसरों का मुंह यह कह कर बंद कर देते कि दोनों लड़कियां हैं, इसलिए उनके साथ रहने अथवा आने-जाने से क्या फर्क पड़ता है।

एक दिन ऐसा भी आया कि दोनों कॉलेज की पढ़ाई पूरी कर विवाह योग्य हो गईं। दोनों के माता-पिता उनके लिए योग्य वर तलाशने लगे। अकसर दोनों ही अपने माता-पिता से विवाह न करने की जिद करती रहतीं। माता-पिता उन्हें समझाने का प्रयास करते कि अब वे विवाह योग्य हो गई हैं, अतः उन्हें विवाह कर लेना चाहिए।

परंतु वे दोनों विवाह न करने की बात पर अडिग थीं। एक दिन उन दोनों ने अपना फैसला सब को सुना दिया कि वे इसलिए विवाह नहीं करना चाहतीं कि वे दोनों ही साथ रहना चाहती हैं। फिर बातों-बातों में पता लगा कि उन दोनों ने अप्राकृतिक शारीरिक संबंध बना लिए थे और इसी कारण एक दूसरे से अलग रहने को वे किसी हालत में तैयार न थीं।

यद्यपि उन दोनों के इस रिश्ते को मान्यता देने को कोई तैयार न था। न ही उनके माता-पिता, न उनके रिश्तेदार व संबंधी और न ही समाज। आखिर सब का विरोध होने पर वे दोनों घर से भाग गईं और पता लगा कि वे विवाह कर एक दूसरे के साथ किराए के मकान में रहने लगी हैं।

सुमन से बात करने पर कि, क्यों उसने स्वयं लड़की होते हुए भी लड़की से संबंध कायम किए और अंत में विवाह किया? सुमन इस बारे में कुछ भी बात करने अथवा मुंह खोलने को तैयार न हुई। फिर मैंने सुमन से पूछा, 'चलिए आप कारण नहीं बताना चाहतीं तो न सही, परंतु आप सामाजिक मान्यताओं में तो विश्वास करती होंगी?'

वह बोली, 'सामाजिक मान्यताओं में मैं अवश्य यकीन करती हूं, परंतु मेरे खयाल से सभी मान्यताएं सही नहीं होतीं। मैं सदैव लीक पर चलना पसंद नहीं करती।'

इसके पश्चात् जब मैंने पुष्पा से इस बारे में जानना चाहा, तो उसने खुलकर बातचीत की। वह बोली, 'मैं अपने माता-पिता की तीसरी व सबसे 'फालतू' लड़की थी। मुझे अपनों से वह प्यार कभी नहीं मिला, जिस प्यार की मैं हकदार थी। मैं देखती थी कि बड़ी दीदी की हर बात मानी जाती थी या फिर छोटे भैया

की हर इच्छा पूरी की जाती थी। मुझे सदैव लगता था कि मैं मां-बाप के लिए बोझ हूं। मुझे कोई प्यार नहीं करता। मुझे सदैव बड़ी बहनों की उतारन (पुराने पहने हुए कपड़े) पहनने को मिलता था।'

'लेकिन इस बात का सुमन से क्या संबंध है?' मैंने बीच में ही पुष्पा को टोका।

पुष्पा बोली, 'वही मैं आपको बताने जा रही हूं। असल में सुमन मेरी बचपन की सहेली है। बचपन से तो वह मेरी वैसी ही दोस्त है, जैसे अन्य लड़के-लड़कियों के मित्र होते हैं। पर ज्यों-ज्यों मैं बड़ी होती गई, मुझे ऐसा महसूस होता गया कि मुझे दुनिया में सबसे ज्यादा प्यार सुमन ही करती है। जब भी मुझे घर से उपेक्षा अथवा ताने मिलते, मैं रोंआसी होकर सुमन को सारी बात बता देती। मुझे उससे सांत्वना और हमदर्दी मिलती। मेरा प्यार सुमन पर उमड़ पड़ता। मैं उससे लिपट जाती थी। वह मुझे इतना प्यार देती थी कि वह मेरे लिए सारे जहान से लड़ने को तैयार हो जाती थी। बस यहीं से हमारे संबंध प्रगाढ़ता की ओर और फिर शारीरिक संबंधों की ओर बढ़ते चले गए।'

पिछले दिनों समाचार पत्रों में भी एक समाचार प्रकाशित हुआ था कि मनीषा नाम की लड़की आपरेशन कराके लड़का बन गई और उसका नाम 'मनीष' हो गया। इस कहानी के पीछे भी दो सहेलियों के प्रेम की ही कहानी थी। दो लड़कियों की घनिष्ठ मित्रता शारीरिक संबंधों तक पहुंच गई थी। चूंकि दो लड़कियों के विवाह को समाज मान्यता नहीं दे रहा था, अतः मनीषा ने अपनी सहेली मंजू के कारण यौन परिवर्तन करा डाला। फिर दोनों ने एक दूसरे से विवाह कर लिया। इस प्रकार के समाचार पढ़ने में भले ही चौंकाने वाले लगें, किंतु व्यवहार में इनका एक ही मतलब है अर्थात् बर्बादी। जैसे कि–

यौन परिवर्तन से मनीषा दुनिया की नजर में भले ही 'मनीषा से मनीष' बन गई, परंतु यह नया मनीष इस यौन परिवर्तन के पश्चात् न तो संतान उत्पन्न कर सकता था, न ही पुरुषों वाले गुण अथवा विशेषताएं अपने में उत्पन्न कर सकता था। वास्तविकता यह थी कि मनीषा एक नपुंसक बन गई थी।

माता-पिता के उचित ध्यान न देने या तथाकथित आधुनिकता के दौर में ऐसे अनेक संबंध सामने आते रहते हैं, किन्तु इन संबंधों के परिणाम सदैव दुखदायी ही रहते हैं।

रंजना और रचना में गहरी दोस्ती थी। उनकी मित्रता को अभी 1-2 वर्ष ही बीता था, परंतु उनकी मित्रता बहुत जल्दी ही चरमोत्कर्ष पर पहुंच गई। दोनों की

गलत आदतों के कारण वे दोनों स्वयं ही तनावग्रस्त रहने लगीं। रचना के माता-पिता ने मौका पाकर जल्दी में जैसा भी लड़का मिला, रचना का विवाह कर दिया। परंतु कुछ समय बाद ही रचना के पति ने रचना के साथ रहने से इनकार कर दिया। आखिर पति चाहे जैसा भी हो, धनी अथवा निर्धन, शिक्षित अथवा अशिक्षित, उसे पत्नी से यौन सुख तो चाहिए ही था, जो रचना उसे नहीं दे सकी थी। पति का कहना था कि गलत यौन आदतों के कारण रचना अपना शरीर स्वस्थ नहीं रख सकी थी। अतः वह उसे पत्नी का सुख देने में असमर्थ थी।

अब रचना के माता-पिता सारा दोष रंजना को देने लगे, परंतु अब क्या हो सकता था। समय रहते दोनों के ही माता-पिता ने इनके एक दूसरे के साथ रात बिताने पर ऐतराज नहीं किया था। उधर रंजना का हश्र भी वही हुआ। वह अपने पति को सुखी न कर सकी और तलाक की नौबत शीघ्र आ गई। रंजना के घर वाले रचना को दोषी ठहराने लगे। इस प्रकार दोनों ही लड़कियों का जीवन नष्ट हो गया। रंजना ने तो समाज के तानों से तंग आकर आत्म हत्या कर ली।

गहराई से मामले का अध्ययन करने पर कुछ तथ्यों का पता लगा कि दोनों की आयु लगभग 24-25 वर्ष के आसपास थी। चूंकि दोनों ही बच्ची नहीं रह गई थीं, अतः उन्हें विवाह करने की जल्दी थी, परंतु दुर्भाग्य से उनके लिए योग्य वर जल्दी नहीं मिल पा रहा था। इस बीच दोनों की आपस में मित्रता हो गई। उन दोनों की मित्रता के प्रारंभ में उनकी आदत हंसते-हंसते एक-दूसरे को नोचना व अंगों को छेड़ना तक सीमित थी, फिर उनकी अत्यधिक सेक्सी प्रवृत्ति ने उन्हें गलत यौन आदतों की ओर ढकेल दिया। चूंकि उन्हें किसी बड़े का अथवा विवाहित व्यक्ति का सही निर्देशन नहीं मिल सका, अतः वे यौन इच्छा की पूर्ति के लिए एक-दूसरे से संबंधों के अतिरिक्त अन्य कृत्रिम चीजों का इस्तेमाल करने लगी थीं।

कुछ अन्य कारण भी ऐसे हैं, जिनसे लड़कियां अपनी सहेलियों से शारीरिक संबंध स्थापित कर बैठती हैं। जैसा कि पुष्पा और रति के साथ हुआ। पुष्पा का छोटा-सा घर था, जिसमें एक ही बेडरूम था। अतः उसके भाई-बहन एवं माता-पिता एक ही कमरे में सोते थे। पुष्पा बहन-भाई में सबसे बड़ी थी। एक दिन रात को उसे नींद नहीं आ रही थी, छोटा भाई व बहन सो चुके थे, तभी उसे कुछ खुसपुस सुनाई दी। उसने माता-पिता को एक साथ बिस्तर पर देखा, वह चुपचाप सहमी पड़ी रही। परंतु उसकी उत्सुकता बढ़ती गई। 12 वर्ष की होने तक उसने माता-पिता को कई बार यौन संबंध करते देखा। तब वह उसका मतलब न समझ सकी, परंतु उसकी बाल सुलभ जिज्ञासा बढ़ती गई। फिर जब उसे एक उत्सव में

अपनी सहेली रति के साथ सोने का मौका मिला, तो वह वैसा ही कुछ करने लगी, जैसा कि वह जाने-अनजाने देख चुकी थी।

धीरे-धीरे स्वयं रति में भी बदलाव आने लगा था। अतः साल-छः महीने में जब भी उसे अपनी सहेली के साथ सोने का मौका मिलता, तो चुपके-चुपके दोनों एक दूसरे के जननांगों को छेड़ा करतीं। ऐसी कच्ची उम्र में वे क्या नासमझी कर रही थीं, वे नहीं जानती थीं। 19-20 के होते-होते उन्हें समझ आ चुकी थी, परंतु तब तक वे उस संबंध की आदी बन चुकी थीं, जिसके कारण उनमें शर्म व हीन भावना आ गई थी।

दोनों को महसूस हुआ कि यदि उन्होंने विवाह किया, तो उनके पति को जाने-अनजाने कभी-न-कभी उनके संबंधों के बारे में पता लग ही जाएगा और उन्हें भारी शर्मिंदगी उठानी पड़ेगी। साथ ही उनके मन में डर बैठ गया था कि पति के पता लगने पर पति उन्हें छोड़ भी सकता है। अतः उन्होंने विवाह न करके एक दूसरे के साथ आजीवन रहने का गलत फैसला कर लिया।

इसके विपरीत यदि घर के बड़े लोग बच्चों की मित्रता में हिस्सेदार बनें, उनके क्रिया-कलापों में रुचि पैदा करें, तो मित्रता कितनी ही प्रगाढ़ क्यों न हो, कभी भी गलत साबित नहीं हो सकती। उनकी मित्रता विवाह के बाद भी कायम रहती है, जैसा कि स्मिता और अर्चना की मित्रता में हुआ—

स्मिता और अर्चना में घनी दोस्ती थी। वे प्रायः एक-दूसरे के घर आती-जाती थीं, मिलकर बात-बात पर जोर-जोर से हंसती रहती थीं। कभी-कभी स्मिता की मम्मी भी उनकी बातों में शरीक हो जाती थी और उनकी बातों में पूरी दिलचस्पी लेती थी। जब स्मिता अर्चना के घर होती, तो अकसर अर्चना के भाई-बहन भी उनकी दोस्ती में सम्मिलित होते। दोनों सहेलियों को इस पर कोई एतराज न होता, यदि कोई घर का सदस्य उनकी खुशियों व बातों में सम्मिलित होता। सभी के बीच कभी कॉलेज के किस्से-कहानियां होतीं, तो कभी चुटकुले या शेरो-शायरी का दौर चलता।

अर्चना अपने दिल की हर बात स्मिता को बताए बिना न रहती थीं और स्मिता को भी तब तक चैन न आता था जब तक कि वह अपने व्यक्तिगत सुख-दुख के क्षण अर्चना से कह न लें। दोनों को ही अपने परिवार से पूरा सहयोग मिलता था। दोनों को एक दूसरे के घर जाने व रहने की पूरी छूट थी। वे साथ-साथ बाजार और सिनेमा जाती थीं, परंतु सब कुछ एक सीमा तक ही था। उनकी मित्रता अन्य लड़कियों की ईर्ष्या का विषय होता था।

अब दोनों का विवाह हो गया है। वर्ष में 3-4 बार अच्छी सहेलियों की भांति मिलती हैं। उन दोनों के पति भी अच्छे मित्र बन गए हैं। दोनों का पारिवारिक जीवन सुखमय है और दोनों की मित्रता अभी भी बरकरार है।

लड़कियों से मित्रता करना व सहेली को हमराज बनाना एक अच्छी बात है। इससे दोनों ही अपनी भावनाएं, कल्पनाएं, सुख-दुख काट सकती हैं। परंतु इसे मित्रता की सीमा तक ही रहने देना चाहिए। यदि युवा होती लड़कियों की मित्रता में कोई 'गलत व्यवहार' माता-पिता को दिखाई दे, तो हरगिज नजरअंदाज नहीं करना चाहिए। माता-पिता व अभिभावकों का दायित्व है कि वे समय-समय पर अपने बच्चों के आचार-व्यवहार व मित्रता पर निगाह रखें। उनके साथ बैठकर मिल-जुल कर हंसें-बोलें व खुल कर बात करें। यदि लड़कियों की किसी प्रकार की व्यक्तिगत समस्या या उलझन हो, तो उसे सुलझाने का प्रयास करना चाहिए।

यह नहीं कहा जा सकता कि लड़कियों का अपनी सहेलियों से अत्यधिक मिलना अथवा एक-दूसरे के साथ रात बिताना सदैव गलत है, परंतु फिर भी अभिभावकों का कर्तव्य है कि वे उनकी मित्रता पर व उनके क्रिया-कलापों पर ध्यान रखें। मित्रता होना और उसे निभाना बहुत अच्छी बात है, परंतु मित्रता की सीमाओं का अतिक्रमण अंत में लड़कियों के जीवन को ही दुखदाई बना देता है।

प्रेमी या मंगेतर से रिश्तों में मर्यादा

अंजलि का रिश्ता उसके माता-पिता ने एक अच्छे खानदान के लड़के से तय किया। अंजलि बहुत खुश थी कि जैसा पति वह चाहती थी, वैसा ही पति संजय के रूप में उसके घर वालों ने ढूंढ़ा था। संजय की अपनी फैक्टरी थी। उनका विवाह चार माह बाद होना तय हुआ था। वे दोनों अकसर एक दूसरे से मिलने लगे। अंजलि के घरवालों को इस बात पर कोई आपत्ति न थी, क्योंकि लड़का उन्हीं की पसंद का था।

विवाह को लगभग 15 दिन रह गए थे, तभी अचानक संजय के पिता ने अंजलि के पिता से बड़ी कार की मांग कर दी। वे इसके लिए मानसिक रूप से तैयार न थे। अतः संजय के पिता को काफी समझाने की कोशिश की, परंतु बात बनी नहीं। आखिर-कार रिश्ता टूट गया। अंजलि का दिल टूट गया। वह बहुत उदास रहने लगी। कुछ भी बात करने पर वह फूट-फूट कर रोने लगती। मां के बहुत पूछने पर उसने बताया कि वह संजय को अपना सब कुछ दे बैठी थी। मां बेटी का भविष्य सोच-सोच कर बहुत परेशान थी कि तभी पता चला कि अंजलि गर्भवती थी। सारे घरवालों को मानो सांप सूंघ गया था। मां-बाप बेटी को कोस रहे थे कि पहले कुछ तो सोचा होता। क्या तुम्हारे पास मर्यादा नाम की कोई चीज नहीं थी। पर अब क्या हो सकता था, जब चिड़िया चुग गई खेत।

वास्तव में रिश्ता टूटने का हादसा किसी भी लड़की के साथ हो सकता है। यह रिश्ता प्रेमी अथवा मंगेतर किसी से भी हो सकता है। इस प्रकार की परिस्थिति में नुकसान या अपमान लड़की का ही होता है। अतः लड़कियों को संबंध बनाते समय सदैव सावधान रहना चाहिए।

हर व्यक्ति के जीवन में संबंधों का बहुत महत्त्व होता है। युवावस्था में पहुंचते ही लड़के-लड़कियां एक दूसरे की ओर आकर्षित होने लगते हैं। फिर लोगों

की भीड़ में कोई एक ऐसा होता है, जो अपना-सा लगने लगता है। आंखें सदैव उसी को ढूंढ़ती रहती हैं। उसे सामने देखकर आंखों को सुकून मिलता है। धीरे-धीरे नजदीकियां बढ़ने लगती हैं।

ये नजदीकियां मुलाकातें, फिर प्रेम-संबंधों में परिवर्तित हो जाती हैं। दोनों लोग साथ जीने-मरने की कसमें खाने लगते हैं, परंतु तभी अचानक दोनों के बीच संबंध टूट जाते हैं और रिश्तों में दरार आ जाती है।

वास्तव में आधुनिक युवाओं की मानसिकता में भारी परिवर्तन आया है। लड़के प्रायः लड़कियों से गहरी दोस्ती प्रदर्शित कर उनका विश्वास हासिल कर लेते हैं, फिर जल्दी ही उन्हें शारीरिक संबंधों के लिए उकसाने लगते हैं और लड़कियां भी इस संबंध को पक्का मानकर स्वयं को लड़के को समर्पित कर देती हैं। कई बार लड़कियां इस गलतफहमी में रहती हैं कि कहीं उनके इनकार को उनका प्रेमी अथवा मित्र अथवा मंगेतर गलत न समझ बैठे और रिश्ता तोड़ दे। बस, वही उनकी सबसे बड़ी गलती साबित होती है।

कुछ लड़कियां लड़कों से चार-पांच मुलाकातों के बाद ही इस बात पर यकीन कर लेती हैं कि वे एक दूसरे के लिए बने हैं और एक दूसरे के बिना नहीं रह

सकते। लड़के प्रायः इस बात के निर्णय में जल्दबाजी नहीं करते और लड़कियां विवाह के लिए जल्दबाजी करने लगती हैं। इस शादी के दबाव का नतीजा यह होता है कि लड़का लड़की पर शारीरिक संबंधों के लिए दबाव डालने लगता है। लड़कियों को इस स्थिति में बहुत ही सोच-समझकर किसी प्रकार का कदम उठाना चाहिए। एक बार भंग हुई मर्यादा कभी वापस नहीं आ सकती। यह बात लड़कियों को भली भांति समझ लेनी चाहिए।

हर लड़की को उचित-अनुचित का ज्ञान होना अत्यंत आवश्यक है। कुछ घरों में प्रायः लड़कियों को उतना प्यार नहीं दिया जाता, जितना लड़कों को मिलता है। अतः लड़कियां अपने मन में हीन भावना डाल लेती हैं। जब कोई भी लड़का उसका मित्र बन कर उससे प्यार या सहानुभूति जताता है, तो लड़की को इस अपनेपन में प्यार की तलाश होती है और वह लड़के की ओर आकर्षित हो जाती है।

लेकिन हर लड़की को यह सदैव ध्यान रखना चाहिए कि यदि उनका प्रेमी अथवा मंगेतर सेक्स संबंध बनाने के लिए दबाव डालता है, तो उसका अर्थ है कि उसकी नीयत सही नहीं है। क्योंकि यदि मंगेतर संबंधों के लिए यह कह कर दबाव डालता है कि हम शीघ्र ही पति-पत्नी तो हो ही जाएंगे, तो लड़की को इस बात को समझना चाहिए कि जब कुछ समय बाद विवाहित जीवन बिताना ही है, तो संबंधों को इतनी बेसब्री क्यों? लड़कियों को स्वयं पर भी इस बारे में पूर्ण नियंत्रण रखना चाहिए। उन्हें ऐसी आवांछनीय स्थितियों से बचना चाहिए, जहां लड़का इस प्रकार का लाभ उठा सकता है।

कल क्या होगा, यह कोई नहीं जानता? लड़कियों को समझना चाहिए कि यदि किसी कारणवश उनका संबंध टूट गया, तो वे भावनात्मक रूप से टूट जाएंगी। उनका अपराध बोध उन्हें ठीक प्रकार से सामान्य जीवन जीने नहीं देगा। लड़की को यह बात भली प्रकार महसूस करनी चाहिए कि विवाह से पूर्व संबंध बनाने में गलती दोनों की होती है, पर इसका खामियाजा लड़की को अकेले ही भुगतना पड़ेगा।

इस प्रकार की स्थिति से बचने के लिए किसी होटल या एकांत पार्क में मिलने से बचना चाहिए, क्योंकि ऐसी स्थिति में दोनों ही अपने पर काबू नहीं रख पाते। कुछ युवा स्वयं को अति मॉडर्न समझते हैं और ऐसे संबंध इसलिए बनाते हैं कि मित्रों में शान से बता सकें कि उनके कितनी लड़कियों से संबंध हैं, जब कि लड़कियां इस संबंध को प्यार समझ बैठती हैं। उन्हें अपने संबंधों में उचित-अनुचित का ज्ञान नहीं रहता और होश तब आता है, जब वे सब कुछ लुटा चुकी होती हैं। उनकी मर्यादा मिट्टी में मिल गई होती है।

लड़कियों को किसी भी प्रेमी अथवा मंगेतर से भावनात्मक रूप से जुड़ने पर भी अपना दिमाग दिल से ऊपर रखना चाहिए, जहां दिमाग आपको सही गलत का अंतर बता सके। उन्हें विवाह पूर्व शारीरिक संबंधों से हर प्रकार से बचना चाहिए, क्योंकि भारतीय समाज में कोई कितना भी अति आधुनिक क्यों न हो, अपने बेटे का संबंध उस लड़की से हरगिज नहीं करना चाहेगा, जिसने विवाह पूर्व संबंध कायम किए हों, चाहे वह अपना बेटा ही क्यों न हो? ऐसे मां-बाप बेटे को यह कह कर उकसा देते हैं कि जो लड़की तुम्हारे साथ विवाह पूर्व संबंध बना सकती है, और न जाने कितनों से संबंध रखती होगी?

लड़कियों को इस गलतफहमी में नहीं रहना चाहिए कि उसके संबंधों का किसी को पता नहीं लगेगा। ऐसी बातें छिपाए नहीं छिपतीं, वक्त-वेवक्त प्रकट होकर रहती हैं, जिन्हें भारतीय समाज कभी स्वीकार नहीं कर सकता और जो हमारी परंपरा के सर्वथा विरुद्ध है।

कामकाजी नववधुओं के रिश्ते

पुरुष सहकर्मियों से रिश्ते

आज-कल हर कार्यस्थल पर स्त्री व पुरुष समान रूप से कार्य करते हैं। विवाहित तथा अविवाहित दोनों ही प्रकार की महिलाएं घर से बाहर निकल कर विभिन्न प्रकार की नौकरी करती हैं। अनेक स्थानों पर महिलाओं को पुरुष सहकर्मियों से सहयोग की अपेक्षा रहती है। कहीं-कहीं पुरुष सहकर्मी महिलाओं को हर प्रकार का सहयोग देते भी हैं, लेकिन कहीं-कहीं ये सहकर्मी महिलाओं से तरह-तरह के लाभ उठाने से नहीं चूकते। ओछी मानसिकता वाले पुरुष सहयोग का ढोंग रचते हैं और मौका पाने पर गलत हरकत करने से बाज नहीं आते। ऐसे में आवश्यकता होती है महिलाओं की सतर्कता की। सतर्कता का तात्पर्य यह हरगिज नहीं है कि आप अपने में दबी-दबी सिमटी-सी रहें और पुरुष कर्मियों से बात तक न करें।

सामान्य दूरी बनाकर रखें

सामान्य रूप से किसी भी कार्यरत महिला को पुरुष कर्मियों से बात तो करनी चाहिए, परंतु अधिक खुलकर नहीं। बहुत अधिक लिफ्ट देने से दूसरे की हिम्मत खुलती है। दूसरे की गलत भावनाओं की यदि महिला को जरा भी आहट महसूस हो, तो उससे बचने का प्रयास करना चाहिए। दूसरे की भावना को समझकर भी मासूम बनी रहने वाली महिला उस पुरुष के जाल में फंस सकती है। सामान्य रूप से महिला को अपने पुरुष सहकर्मियों से सामान्य दूरी बनाते हुए रिश्ते बनाने चाहिए। यदि कोई महिला दृढ़ निश्चयी है, तो उसे कोई डिगा ही नहीं सकता। इसी प्रकार कोई विवाहिता यदि अपने पति तथा परिवार को पूर्णतः समर्पित है, तो उसका कोई भी कुछ बिगाड़ नहीं सकता, न ही कोई प्रलोभन देकर उसे फुसला सकता है, फिर भी महिलाओं को कुछ बातों का ध्यान अवश्य रखना चाहिए।

मर्यादा से पेश आएं

महिलाओं को चाहिए कि वे कार्यालय में पुरुषों के साथ मर्यादा से पेश आएं। बात-बात पर एक दूसरे का हाथ पकड़ना या दूसरे के हाथ मारना जैसी क्रियाओं से कोई भी पुरुष बहक सकता है। यदि महिला स्वयं मर्यादा में रहेगी, तो पुरुष भी मर्यादाओं का उल्लंघन आसानी से नहीं कर सकेंगे।

प्रौढ़ सहकर्मियों के बनावटी व्यवहार से सतर्क रहें

प्रायः दफ्तरों में प्रौढ़ युवक जवान महिलाओं पर अपनापन व प्यार दर्शाते हैं। ऐसे में महिला को अधिक सतर्क रहना चाहिए। वैसे हो सकता है कि अधिक उम्र व अनुभव वाला व्यक्ति वास्तव में नई आई युवा महिला की मदद करना चाहता हो और अपना-पन दिखाकर यौन शोषण की इच्छा रखता हो। अतः महिला को कुशलता पूर्वक उस सहकर्मी को यह अहसास कराना चाहिए कि वह उसके लिए बुजुर्ग है, अतः पिता के समान है अथवा ससुर के समान है। बात-बात में यह भी दर्शाया जा सकता है कि कार्यालय में बुजुर्ग होने के नाते ही आप उनकी इज्जत करती हैं, ताकि उस प्रौढ़ व्यक्ति को अपनी वास्तविकता का अहसास रहे।

बेहूदा मजाक व शब्दों की छेड़छाड़ से बचें

कुछ पुरुषकर्मी महिला कर्मियों से छेड़-छाड़ के उद्देश्य से द्विअर्थी बातें बोलते हैं अथवा इस प्रकार की अश्लील बातें करते हैं कि महिलाओं को शर्म महसूस हो। यह भी एक प्रकार का उत्पीड़न है। अतः महिलाओं को इसका विरोध करना चाहिए। ऐसे पुरुषों के साथ सख्ती से व्यवहार करना चाहिए अथवा स्पष्ट रूप से कह देना चाहिए कि वह ऐसी बातें करना व सुनना पसंद नहीं करती, ताकि भविष्य में सहकर्मी इस प्रकार के घटिया मजाक न करें।

पति की मुलाकात कराएं

विवाहित महिलाओं के लिए बेहतर यही है कि वे किसी मौके पर अपने पति से अपने सहकर्मियों की मुलाकात कराएं। ऐसे में सहकर्मी आपके पति व परिवार के बारे में जानकर बेवजह आपके निकट आने का प्रयास नहीं करेंगे।

गलत व्यवहार होने पर स्पष्ट बात करें

यदि कोई पुरुष सहकर्मी किसी महिला के प्रति प्रेम की भावना रखता है, हालांकि मुंह से ऐसा कुछ नहीं कहता, लेकिन व्यवहार से प्रकट करता है, तो महिला को उसकी भावना को जानकर चुपचाप नहीं रहना चाहिए। यदि वह ऐसी बातों को अनदेखा करने का प्रयास करेगी अथवा इस बारे में चुप रहेगी, तो पुरुष की ऐसी भावनाओं को और भी बढ़ावा मिलेगा। यदि महिला अविवाहित है और वह भी उसके प्रति आकर्षित है, तो उसे अपनी बात स्पष्ट कर देनी चाहिए और यदि कोई विवाहित महिला उस पुरुष में कोई रुचि नहीं रखती, तो चुप रहने से बेहतर होगा कि पुरुष से अपनी स्थिति स्पष्ट कर दे कि वह किसी भी प्रकार ऐसी भावनाओं में रुचि नहीं रखती। महिला को दृढ़ होकर सारी बात करनी चाहिए, ताकि वह व्यक्ति उस महिला की ओर से अपना ध्यान हटा ले। यदि आप उसकी भावनाओं को जान-बूझकर अनजान बनने का प्रयास करेंगी, तो पुरुष गलतफहमी का ही शिकार होता जाएगा।

अत्याधुनिक वस्त्र पहनने से बचें

महिलाओं को चाहिए कि कार्यालय में अत्यंत आधुनिक व दिखावे वाले कपड़े पहन कर न जाएं, जिनमें उनकी कमर, पैर, बांहें अथवा गला आदि आवश्यकता

से अधिक दिखाई देता हो । ऐसे भड़काऊ वस्त्रों से पुरुष सहकर्मी महिला की बातों व व्यवहार का गलत मतलब निकाल सकते हैं । ऐसे में पुरुषों द्वारा की गई बेहूदा टीका टिप्पणी बिना बात का झगड़ा पैदा कर सकती है ।

महिला कर्मियों से मित्रवत व्यवहार रखें

यदि आपके कार्यालय में अनेक महिलाएं कार्य करती हैं, तो आपके लिए बेहतर यही होगा कि आप महिला सहकर्मियों के साथ मित्रता बनाकर संगठन बना लें । महिला कर्मियों के साथ व्यवहार व भोजन आदि में सुविधा रहती है और पुरुष कर्मियों के गलत व्यवहार का सामना नहीं करना पड़ता । कहीं बाहर जाना-आना पड़े, तो भी अन्य महिला कर्मियों के साथ ही जाना ठीक रहता है । कुछ गलत प्रवृत्ति वाले पुरुष कर्मी साथ जाने को तैयार रहते हैं, ताकि मौके का लाभ उठा सकें ।

सख्ती से पेश आएं

यदि कोई पुरुष कर्मी आप पर या आपकी महिला साथी पर गलत टिप्पणी करता है या छेड़छाड़ का प्रयास करता है, तो आपको उसके साथ सख्ती से पेश आना चाहिए ।

परिवार व पति के बारे में जानकारी देती रहें

कार्यालय में कभी-कभार अपने पति व बच्चों के बारे में बात करती रहें, ताकि पुरुष कर्मियों को इस बात का अहसास रहे कि आप परिवार को समर्पित महिला हैं । आपका उनकी ओछी क्रियाओं से कोई लेना-देना नहीं है । वे आप में आदर्श पत्नी या स्त्री की छवि ही देख सकेंगे और आपको छेड़ने का साहस नहीं कर सकेंगे ।

कम उम्र सहकर्मी के आकर्षण से बचें

कभी-कभी ऐसा भी होता है कि कोई युवा पुरुष कर्मी किसी अधिक उम्र महिला की ओर आकर्षित होने लगता है । कभी वह उस महिला के व्यवहार की प्रशंसा करता है, तो कभी उसके ड्रेस सेंस की । यह प्रायः एक प्रकार का आकर्षण होता है । महिला को चाहिए कि बातों-बातों में उस पुरुष सहकर्मी को यह जता दे कि वह उससे छोटा है और उसके भाई के समान है या उसके देवर के समान है । यह

बात कुछ इस प्रकार भी कही जा सकती है कि मेरा एक भाई है, वह बिलकुल तुम्हारे जैसा है। तुमसे बात करके मुझे उसकी याद आ जाती है। इस प्रकार का व्यवहार दर्शाने से उसके मन में महिला के प्रति गलत भावना उत्पन्न नहीं होगी।

कानून की जानकारी प्रदर्शित करें

महिला को चाहिए कि कभी-कभी पुरुष सहकर्मियों से ऐसी बातों का जिक्र करें कि महिला उत्पीड़न करने में इस प्रकार की सजा अथवा जुर्माना होता है। समाचार पत्र का कोई उदाहरण दिया जा सकता है कि किसी दफ्तर में पुरुषकर्मी द्वारा शोषण करने पर उसे क्या सजा दी गई। ऐसी बातों का जिक्र विशेष रूप से तभी किया जाना चाहिए, जब कोई सहकर्मी महिला से गलत आचरण करता हो अथवा इस प्रकार का व्यवहार करने की इच्छा जताता हो। ऐसे में महिला को स्वयं भी सतर्क रहना चाहिए तथा अपना आचरण अत्यंत संतुलित रखना चाहिए।

पति को स्थिति की जानकारी दें

यदि किसी महिला को कोई पुरुष कर्मी छेड़ता है या गलत हरकत करता है, तो महिला को अपने पति के सामने भी इसका जिक्र करना चाहिए, ताकि कभी किसी प्रकार की गंभीर स्थिति बने, तो पति को सारी बात की पूरी जानकारी हो।

अंत में यही कहा जा सकता है कि किसी भी महिला का संतुलित व मर्यादापूर्ण व्यवहार ही उसे कार्यालय में मान-सम्मान दिलाता है तथा ओछी नीयत वाले पुरुषों के गलत दुस्साहस को रोकता है। पुरुषों से मित्रता बनाने में कोई गलत बात नहीं, यदि वह सीमा व मर्यादा में हो।

बॉस से रिश्ते

महानगरों तथा अन्य बड़े शहरों में प्रायः महिलाएं अनेकों कार्यालयों में कार्य करती हैं। सभी राष्ट्रीय व अंतर्राष्ट्रीय कंपनियों के कार्यालयों में सामान्य रूप से रिसेप्शनिस्ट, टाइपिस्ट, सेक्रेटरी आदि के पदों पर महिलाओं को ही नियुक्त किया जाता है।

सेक्रेटरी जैसे महत्त्वपूर्ण पद पर कार्य करने वाली महिला का अपने बॉस से दिन में कई बार बातचीत व व्यवहार का अवसर आता है। इनमें प्रायः अच्छा तालमेल आवश्यक होता है, ताकि कार्य सुचारु रूप से चलता रहे और कोई ग़लतफ हमी पैदा न हो, लेकिन कहीं-कहीं बॉस और सेक्रेटरी के बीच गलत संबंध हो जाते हैं, जब कि कहीं-कहीं गलतफहमियां अफवाहों को जन्म देती हैं। किसी भी महिला को बॉस से अच्छे संबंध बनाए रखने के लिए कुछ खास बातें ध्यान में रखनी चाहिए, जिन्हें बिंदुवार दिया जा रहा है–

- महिला को अपने बॉस से नपे-तुले शब्दों में संतुलित बात करनी चाहिए। इधर-उधर की, फिल्मों की, कार्यालय के अन्य कर्मचारियों की बातें करना शोभा नहीं देता। बॉस के साथ बातचीत सदैव ही औपचारिक व कार्य के संबंध में ही होनी चाहिए। यदि कोई महिला अपने बॉस से अनौपचारिक तौर पर बात करती है, तो कुछ खास मौकों पर ही होनी चाहिए, अन्यथा बॉस से खुलकर बोलना या बेतकल्लुफ होना कार्यालय के अन्य लोगों को न तो अच्छा ही लगेगा और न ही सम्मानजनक।
- यदि महिला से कोई गलती हो जाए और बॉस कोई सुझाव दे अथवा बॉस कोई रचनात्मक सुझाव दे, तो महिला को नाक-भौं नहीं चढ़ाना चाहिए। उस सुझाव को ध्यान से सुनना चाहिए। बात-चीत में शिष्टता बरतते हुए बॉस के सुझाव के लिए धन्यवाद देना भी न भूलें, तो बेहतर होगा।

- कोशिश करें कि आपके द्वारा किए गए कार्यों में किसी प्रकार की त्रुटि न हो। ऐसे में आपका बॉस आपके काम के प्रति प्रतिबद्धता की सराहना अवश्य करेगा और आपका कार्य करने का उत्साह दूना हो जाएगा।
- महिला को अपने कार्य स्वयं ही गंभीरतापूर्वक करने चाहिए, बॉस के बार-बार निर्देश का इंतजार नहीं करना चाहिए। बॉस को खुश करने के चक्कर में अपना कार्य हड़बड़ी में भी नहीं करना चाहिए। यदि आपका कार्य उत्तम है, तो बॉस को यह शिकायत करने का अवसर नहीं मिलेगा कि आप जल्दबाजी में यह गलती करके लाई हैं। लेकिन इसका यह अर्थ नहीं कि कार्य अच्छा करने के चक्कर में एक ही पत्र टाइप करने में या एक ही फाइल का कार्य पूरा करने में पूरा दिन लगा दें। कार्य की गुणवत्ता कायम रखें, लेकिन कार्य-समय खींचते रहने का कार्य न करें।
- घर के तनाव को दफ्तर में लेकर न आएं, अन्यथा कार्य में त्रुटियां होती रहेंगी और आप बॉस से डांट खाती रहेंगी। इसी प्रकार ऑफिस के कार्य के तनाव को स्वयं पर हावी न होने दें। चाहे ऑफिस हो या घर, स्वयं को तनाव मुक्त रखने का प्रयास करें।
- बॉस से जो भी बात कहनी हो, सोच-समझकर गंभीरता से बात करें। इसी प्रकार दिया हुआ कार्य भी पूर्ण गंभीरता पूर्वक करें।
- तनाव की स्थिति में कार्य ध्यान से करें। अत्यधिक सोच-विचार की स्थिति में भी कार्य बिगड़ने का अंदेशा रहता है। अतः बहुत सोच-विचार न करें, जो भी कार्य करें अथवा सोचें, उसमें सकारात्मक दृष्टिकोण अपनाएं। इससे आपके कार्य में सुधार आएगा।
- बॉस की नजरों में चढ़ने के प्रयास में दूसरों की आलोचना न करें। अपने सहकर्मियों की आलोचना आपको प्रशंसा के स्थान पर हास्य का पात्र बनाएगी, क्योंकि सहकर्मी आपसे चिढ़ने लगेंगे और आपकी स्थिति दयनीय हो जाएगी, जिससे लोग हंसेंगे। बॉस भी अन्य लोगों की आलोचना सुनकर बहुत प्रसन्न नहीं होंगे। सहकर्मियों की चुगलखोरी से आप कहीं की न रहेंगी।
- किसी भी कार्य को शुरू करते वक्त ध्यान रखें कि आपको बॉस ने क्या निर्देश दिए हैं तथा कितने समय में कार्य पूरा करने को कहा है। सभी फाइलों को निपटाते वक्त बॉस के निर्देशों व अपेक्षाओं को ध्यान में रखें।

- बॉस से व्यक्तिगत संबंध बढ़ाने का प्रयास जान-बूझकर न करें। अपना उल्लू सीधा करने के लिए, तनख्वाह बढ़वाने के लिए, प्रमोशन के लिए, बॉस को खुश करने के लिए व्यक्तिगत संबंध बढ़ाने से लाभ के स्थान पर हानि हो सकती है। बॉस भी आपसे संबंध बढ़ाकर आपका शारीरिक व मानसिक शोषण कर सकता है। वह बाद में आपकी कोई मदद किए बिना बीच में छोड़ देगा और आप कहीं की न रहेंगी।
- बॉस को खुश करने के लिए उनकी झूठी प्रशंसा करने से बचें। न ही तितली की भांति उनके आगे-पीछे मंडराएं। बॉस आपकी नीयत का गलत मतलब निकाल कर आपका यौन शोषण कर सकता है। इसी प्रकार की झूठी प्रशंसा से बॉस कुछ देर के लिए खुश होकर आपसे प्रभावित हो सकता है। परंतु बार-बार प्रशंसा से वह आपकी चापलूसी की आदत को भली-भांति जान जाएगा।

बॉस किसी भी दफ्तर का केंद्र बिंदु होता है। कुछ बड़े कार्यालयों में हर विभाग का अलग बॉस होता है। बॉस तो बॉस ही है, जो आपके लिए अत्यंत अहमियत रखता है। लेकिन उन्हें खुश करने के लिए किसी प्रकार के हथकंडे नहीं अपनाने चाहिए। यदि आपको बॉस को प्रभावित करना है, तो हथकंडों के स्थान पर अपने उत्तम कार्य से उन्हें प्रभावित करें। यदि आप मर्यादा व शालीनता की सीमा में रहकर उत्तम कार्य करेंगी, तो प्रशंसा और सम्मान भी पाएंगी और उन्नति भी।

मां-बेटी के रिश्ते

बेटी में आत्मबल जगाइए

पर स्त्री अपने बच्चों के जीवन को सुखमय बनाना चाहती है। स्वयं चाहे कष्ट में हो, परंतु उसकी इच्छा होती है कि उसके बच्चे चाहे वे लड़की हों या लड़के, सदैव खुशहाल रहें। चूंकि हमारा समाज एक पुरुष प्रधान समाज है, इस कारण प्रायः लड़कों की देखभाल लड़कियों की अपेक्षा बेहतर ढंग से की जाती है।

लड़कों को शिक्षा तथा विकास के बेहतर अवसर प्रदान किए जाते हैं। उन्हें हर वह सुविधा देने का प्रयास किया जाता है, जिसे मां-बाप देने में सक्षम हैं। मां-बाप लड़कों की उन्नति के लिए कभी-कभी अपनी क्षमता से अधिक सुविधाएं प्रदान करने का प्रयास करते हैं। उन्हें आत्मविश्वास घोट-घोट कर पिलाया जाता है, जब कि लड़कियों के मामले से सर्वथा इसके विपरीत होता है।

अधिकांश 90% भारतीय परिवारों में आज भी लड़कों को लड़कियों से अधिक महत्त्व दिया जाता है। केवल कुछ गिने-चुने परिवार ही ऐसे मिलेंगे, जहां लड़कियों को लड़कों के समान उन्नति के अवसर दिए जाते हैं व बचपन से लड़कों के ही समान प्यार दिया जाता है।

किसी भी बच्चे को मां-बाप का जितना संबल मिलता है, उसमें उतना ही अधिक आत्मविश्वास जागृत होता है। प्रायः बेटी को यह कहकर कई कार्य करने से मना कर दिया जाता है कि लड़कियां यह कार्य नहीं कर सकतीं, अतः तुम्हें यह कार्य नहीं करना चाहिए अथवा लड़कियों को यह कार्य करना शोभा नहीं देता। अकसर लड़कियों के मन में बचपन से यह भावना भर दी जाती है कि वह कमजोर है। बाहर अकेले जाना उसके लिए सुरक्षित नहीं है। इसी कारण उनके मन के भीतर कमजोरी व असुरक्षा की भावना जन्म लेती है। बड़े होने पर जब भी बेटी को कहीं अकेले जाना पड़ता है या समय-असमय मुसीबत में फंस जाती है, तो वह भीतर-ही-भीतर डरी रहती है और परिस्थिति का सामना नहीं कर पाती।

अनेक लड़कियों को शिक्षा के क्षेत्र में आगे बढ़ने के अवसर प्रदान किए जाते हैं और वे अनेक डिग्री हासिल कर लेती हैं, परंतु फिर भी उनमें आत्मविश्वास की इतनी कमी होती है कि किसी पार्टी या उत्सव के अवसर पर इतनी घबराहट या झिझक महसूस करती हैं कि किसी ने कुछ पूछ लिया, तो क्या होगा। इसका कारण यह है कि मां-बाप लड़कियों को केवल किताबी कीड़ा बनने के लिए प्रोत्साहित करते हैं, ताकि उन्हें अच्छी डिग्री हासिल हो जाए और उनका विवाह अच्छे परिवार में हो जाए। वे कभी भी बेटी में आत्मविश्वास की भावना जागृत करने का प्रयास नहीं करते। मां-बाप को चाहिए कि बेटी को बचपन से ही इस प्रकार के निर्देश व सहयोग दें कि बेटी में हिम्मत और आत्मविश्वास जैसे गुणों का विकास हो। वह बेटों से भी अधिक प्रभावशाली व स्वाभिमानी बनें, ताकि बड़े होने पर मां-बाप का नाम रोशन करें और स्वाभिमान पूर्ण जीवन व्यतीत कर सकें।

प्रायः लड़कियों को बचपन से यही पाठ पढ़ाया जाता है कि वे परायी हैं। उन्हें तो ससुराल जाना है। अतः उन्हें ही परिवार के अनुसार स्वयं को ढालना है। ऐसे में कभी-कभी ससुराल वाले लड़की पर किसी प्रकार के अत्याचार भी करते हैं, तो वह उन्हें चुपचाप सहन करती जाती हैं अथवा स्थिति हद से आगे गुजर जाने

पर वह उनका मुकाबला नहीं कर पातीं और वापस मायके में रहने पर मजबूर हो जाती हैं।

बेटी यदि किसी भी प्रकार की हीन भावना से ग्रस्त है अथवा दब्बू है, परिस्थितियों का ठीक प्रकार सामना नहीं कर पाती, तो इसका अर्थ है कि मां-बाप ने बेटी में कभी आत्मविश्वास जगाने की कोशिश नहीं की। उसे उन परिस्थिति का सामना करने के लिए साहसी बनने के लिए प्रोत्साहित नहीं किया, वरना आपकी बेटी भी अन्य शिक्षित महिलाओं की भांति सिर ऊंचा करके आत्मविश्वास से जीती।

मां का दायित्व

बेटी के संपूर्ण व्यक्तित्व के उचित विकास की जिम्मेदारी मां की होती है। मां की भूमिका बेटी के सर्वांगीण विकास में अत्यंत महत्त्वपूर्ण होती है। अपनी बेटी को सही मायने में शिक्षित करने के लिए उसकी नींव प्रारंभ से ही डालिए। उसके लिए इन्हें भी जानें–

1. सर्वप्रथम बेटी में बचपन से ही आत्मविश्वास जगाइए। उसे अपने कार्य स्वयं करने के अवसर दीजिए। यदि वह गलतियां करती है, तो यह सोचकर कि वह कार्य वह ठीक प्रकार नहीं कर सकेगी, आप बार-बार उसका कार्य स्वयं कर देंगी, तो उसमें आत्मविश्वास नहीं रहेगा। ध्यान रखें, हर व्यक्ति गलतियों से ही सीखता है और सीख जाने पर उसमें आत्मविश्वास जागृत होता है।

2. बेटी से बार-बार यह न कहें कि तुम लड़की हो, इस कारण यह कार्य नहीं कर सकतीं। वह तो स्वयं ही अपनी क्षमतानुसार कार्य करेगी। उसके कार्य की प्रशंसा करें। यदि उससे कोई गलती हो जाए, तो उसे हतोत्साहित न करें।

3. यह एक यथार्थ है कि शारीरिक रूप से लड़कियां, लड़कों से कमजोर होती हैं, परंतु यदि उन्हें बार-बार उनकी शारीरिक अक्षमता का अहसास दिलाया जाए, तो वे स्वयं को कमजोर महसूस करने लगती हैं। यदि बेटी को इस बात का अहसास हो कि वह किसी से कमजोर नहीं है, तो विपरीत परिस्थितियों में भी अपने आत्मबल के कारण वह उन पर विजय पा सकेगी।

4. बचपन से ही बेटी पर थोड़ी बहुत जिम्मेदारी डालें और उसे यह विश्वास दिलाएं कि यह कार्य वह कर सकती है। यदि वह कोशिश करेगी, तो

उस कार्य को जरूर सफलतापूर्वक पूरा कर सकेगी। यदि उसको आत्मविश्वास और आत्मबल होगा, तो बड़े होने पर हर प्रकार का कार्य बेटों से भी अधिक अच्छा व बढ़-चढ़कर कर सकेगी।

5. बेटी के थोड़ा बड़ा होने पर या किशोरावस्था में यदि आप उसे कहीं अकेले भेजने में घबराती हैं, तो उसके साथ आप स्वयं जाएं अथवा भाई को साथ भेजें। इस बात का अवश्य ध्यान रखें कि उसे इस बात का बोध बार-बार न कराएं कि तुम लड़की हो इसलिए अकेले नहीं भेजेंगे। दिन में उसे कभी-कभी अकेले जाने की अनुमति दें।

6. मां को चाहिए कि बेटी और बेटे से सदैव समान व्यवहार करें और उनसे किसी भी चीज में भेद-भाव न करें। पढ़ाई की वस्तुओं, खेलकूद का सामान अथवा खाने-पीने की चीजों में उनके लिए किसी प्रकार का भेद-भाव न हो। मां-बाप के बेटी के प्रति किए गए भेद-भाव से बेटी का मनोबल गिरता है और उसमें आत्मबल कम हो जाता है। इससे बेटी में आत्मविश्वास व आत्मबल जागृत होगा। धीरे-धीरे उसमें इतनी हिम्मत आ जाएगी कि विषम परिस्थितियों का डट कर मुकाबला कर सकेगी।

7. यदि बेटी ने कोई अच्छा कार्य किया है, तो उसकी प्रशंसा अवश्य करें। ऐसा न हो कि बेटे को बार-बार प्रशंसा मिले और बेटी को तिरस्कार। ऐसी स्थिति में बेटी के आत्मसम्मान को चोट लगती है और समय आने पर वह सही निर्णय नहीं ले पाती। प्रशंसा एक ऐसा अस्त्र है, जो व्यक्ति का हौंसला बढ़ाता है और उसका आत्मविश्वास जताता है। मां द्वारा सही समय पर की गई प्रशंसा बेटी को जागरूक एवं आत्मविश्वासी बनाती है।

8. बेटी और बेटे से समान व्यवहार का तात्पर्य यह नहीं कि बेटी को घर का कोई कार्य न सिखाया जाए और वह जींस पहनकर सड़कों पर लड़कों की भांति घूमती फिरे। हमारे भारतीय समाज का पारंपरिक ढांचा ऐसा है कि लड़की चाहे कितनी ही पढ़ जाए, किसी बड़े ओहदे पर विराजमान हो, परंतु घर के कार्यों की देखभाल लड़की को ही करनी पड़ती है। अतः लड़की को घर के आवश्यक कार्य अवश्य भली प्रकार सिखा देने चाहिए। यदि बेटी का विवाह किसी अति धनाढ्य परिवार में होने वाला हो, जहां सारा कार्य नौकर-चाकर करते हों, तो भी बेटी का घर के कार्यों में दक्ष होना आवश्यक है। क्योंकि यदि उसे वे कार्य

स्वयं नहीं आते होंगे, तो कार्य करने वाले नौकरों-कर्मचारियों से वह वे कार्य कैसे करा सकेगी? अपने स्वादानुसार भोजन पकाने का निर्देश अपने रसोइयों को वह तभी दे सकेगी, जब वह स्वयं भोजन पकाना जानती हो। अन्यथा उसे रसोइयों की विधि से पके भोजन से ही संतोष करना पड़ेगा।

9. यदि बेटी पढ़ाई में अच्छी है और आगे पढ़ना चाहती है, तो उसे यह कह कर निरुत्साहित मत कीजिए कि तुम लड़की हो और तुम्हें जाकर घर का कामकाज ही संभालना है। अतः हम तुम्हारी शिक्षा पर अधिक पैसा खर्च नहीं करेंगे। बेटी को शिक्षित करने का तात्पर्य है पूरे परिवार को शिक्षित करना। पढ़ी-लिखी लड़की अपने परिवार की देखभाल बेहतर ढंग से कर पाती है। वह अपनी संतान को भी अच्छे संस्कार देकर स्वयं पढ़ा सकती है। बेटी को चाहे घर का काम-काज संभालना हो या किसी क्षेत्र में व्यावसायिक शिक्षा प्राप्त कर कुछ कैरियर अपनाना हो, हर स्थिति में बेटी को पढ़ाना आवश्यक है। आजकल हर क्षेत्र में महिलाएं आगे बढ़ रही हैं। वे डॉक्टर, इंजीनियर, चार्टर्ड एकाउन्टेंट, पायलट, प्रशासनिक अधिकारी आदि अनेक ऊंचे पदों पर कार्य कर रहीं हैं। किसी भी वर्ष का 10वीं या 12वीं का परीक्षाफल देखें, तो आप पाएंगी कि लड़कियों का परिणाम सदैव लड़कों से बेहतर रहता है।

10. शिक्षा के अतिरिक्त यदि बेटी को स्कूल की अन्य गतिविधियों में भाग लेने का शौक हो, तो उसे हर क्षेत्र में आगे बढ़ने में सहयोग दें। स्कूल कॉलेज में वाद-विवाद, खेलकूद तथा अन्य प्रतियोगिताओं में यदि वह भाग लेना चाहती है, तो उसे उसमें भाग लेने दें। उसकी प्रतिभा पर यह कह कर अंकुश न लगाइए कि दो कप जीत भी लाई तो क्या करोगी। आखिर तुम्हें घर का कामकाज ही तो संभालना है। इस प्रकार की प्रतियोगिताओं में भाग लेने से बेटी में आत्मविश्वास तो जागृत होता ही है, साथ ही यदि वह किसी प्रतियोगिता को जीतकर राष्ट्रीय स्तर तक प्रतियोगी बन गई, तो समाचार पत्रों की सुर्खियों में उसका नाम छाया रहेगा। ऐसे में नाम के अतिरिक्त वह अच्छा धन भी प्राप्त करेगी। बेटी के विवाह पर बाह्य आडम्बरों पर धन व्यय करने से अच्छा है कि आप बेटी के सार्थक लक्ष्य की पूर्ति के लिए धन व्यय करें। आत्मविश्वास सफलता की कुंजी है।

11. अपने मन से यह धारणा निकाल दीजिए कि बेटा ही कुल का नाम रोशन करता है। बेटी भी यदि किसी क्षेत्र में नाम रोशन करती है, तो आपका सिर गर्व से ऊंचा हो जाएगा। यदि सर्वाधिक अंक पाने पर या किसी राज्य या राष्ट्रीय स्तर की प्रतियोगिता में बेटी विजयी होती है और उसका नाम व फोटो अखबारों में छपता है, तो माता-पिता को सर्वाधिक खुशी होती है। क्या इस तरह आपका नाम आपकी बेटी रोशन नहीं करेगी।

12. जहां तक हो सके आज के बदलते युग के अनुसार बेटी को आत्मनिर्भर बनाएं। बाद में परिस्थितिवश यदि वह कोई नौकरी न करना चाहे, तो उसकी खुशी। लेकिन यदि उसे विवाह पूर्व आत्मनिर्भर नहीं बनाया और परिस्थितिवश उसे कोई नौकरी अपनानी पड़े, तो उसे बहुत कठिनाई होगी।

13. बेटी को सदैव हिम्मती व साहसी बनने के लिए प्रेरित करें। प्रायः समाचार पत्रों में ऐसे समाचार छपते हैं कि ननद, पति या सास के जुल्मों से तंग आकर लड़की ने खुदकुशी कर ली। इसके विपरीत कभी-कभार ऐसे समाचार भी पढ़ने को मिलते हैं कि स्त्री ने डाकुओं को मार भगाया या डाकू को पकड़वाया। कहने का तात्पर्य यह है कि बेटी में हिम्मत होगी, तो वह हर प्रकार की परिस्थिति का सामना करने में सक्षम होगी। उसके आत्मबल के कारण कोई उस पर जुल्म करने का साहस नहीं कर सकेगी। कमजोर व्यक्ति पर ही जुल्म किए जाते हैं, उन्हीं पर शासन किया जाता है। आत्मविश्वास व आत्मबल से भरपूर लड़की पर कोई व्यक्ति जुल्म नहीं कर सकता।

14. बेटी को अंधविश्वासों व कुप्रथाओं से दूर रखें। बेकार की प्राचीन मान्यताओं के बारे में बेटी को बार-बार बताकर उन मान्यताओं में उसका विश्वास जागृत न करें। यदि बेटी ऐसी प्रथाओं में यकीन करने लगेगी, तो वह अपने परिवार को भी उन कुप्रथाओं में जकड़ कर रख देगी। हो सकता है कि आप ऐसी अनेक मान्यताओं में विश्वास करती हों कि इस दिन ऐसा नहीं करना चाहिए, ऐसा करने से यह अशुभ होता है, इसके लिए पंडित को दान करना चाहिए, इस दिन बाल नहीं धोने चाहिए, इस दिन अंडा नहीं खाना चाहिए आदि। लेकिन अपनी बेटी को आधुनिक बनने में सहयोग दें और ऐसी मान्यताओं में विश्वास न

पनपने दें। ऐसी प्राचीन परंपराओं और कुप्रथाओं के वशीभूत होकर बेटी अंधविश्वासपूर्ण घेरे में घिर कर रह जाएगी और स्वयं को निरीह व विकलांग महसूस करने लगेगी। हो सके तो इस आधुनिक समय में स्वयं भी ऐसी मान्यताओं में विश्वास न करें, जो तर्कहीन है। सभी दिन एक समान होते हैं। बेटी यदि पुरानी मान्यताओं, टोने-टोटके व देशी इलाजों के चक्कर में पड़ी रहेगी, तो अपने परिवार की सही देखभाल नहीं कर सकेगी।

अंत में यही कहा जा सकता है कि बेटी के विकास में मां का दायित्व अत्यंत महत्त्वपूर्ण है। मां को चाहिए कि बेटी को दब्बू व पंगु बनाने के स्थान पर प्रगतिशील, उदार, आत्मविश्वासी तथा स्वावलंबी बनाएं, ताकि वह स्वयं की रक्षा कर सके और अपने अधिकारों के लिए लड़ सके, समाज में सिर ऊंचा करके जी सके और ससुराल पक्ष के बढ़ते मनोविकारों जैसे दहेज व प्रताड़ना पर अंकुश लगा सके।

बड़ी हो रही बेटी की सहेली बनें

दसवीं कक्षा में पढ़ने वाली रिद्धि कई दिन से खामोश नजर आ रही थी। स्कूल से आकर चुपचाप पढ़ाई करने बैठ जाती या टी.वी. देखती रहती। छोटी बहन सिद्धि से अकसर उसकी तकरार या लड़ाई-झगड़ा होता रहता था, परंतु इन दिनों वह भी शांत था। मां ने एक दो बार रिद्धि से पूछा कि 'क्या बात है? तुम्हारी तबीयत तो ठीक है।' रिद्धि ने कहा, 'कुछ बात नहीं है' और फिर किताबें लेकर बैठ गई। मां को लगा कि कुछ-न-कुछ खास बात जरूर है और उसका हाथ पकड़ कर अपने पास बिठा लिया, फिर प्यार से उसके उदास होने का कारण पूछने लगी। पहले तो उदास-सी रिद्धि 'कुछ नहीं, कुछ नहीं' कहती रही, फिर मां के गले लग कर फफक कर रो पड़ी।

'अगर मैं आपको बताऊंगी, तो आप मुझे ही डांटेगी, आप सोचेंगी कि मेरी ही गलती है।'

'नहीं बेटी, ऐसा कुछ भी नहीं हैं, मैं तुम्हें बिना बात क्यों डांटूंगी। क्या तुम्हें लगता है कि मैं तुम्हें बहुत डांटती हूं।' मां ने समझाते हुए कहा।

ऐसी बात नहीं है मम्मी, दरअसल मुझे बहुत डर लग रहा है। पापा को पता लगेगा तो वह भी मुझे ही डांटेंगे। रिद्धि घबराते हुए बोली।

'कोई कुछ नहीं कहेगा, तुम मुझे बताओ, बात क्या है?' मां ने सांत्वना दी। तब रिद्धि ने बताया कि उसकी क्लास में उसकी अनेक सहेलियां व दोस्त हैं। परंतु एक लड़का मुझे जिद कर रहा है कि मैं उसके साथ अकेली घूमने जाऊं, क्योंकि वह मुझे प्यार करता है। मैंने उसे उसके जन्म दिन पर जो कार्ड व तोहफा दिया था, वह कहता है कि इसका मतलब है कि मैंने इसका प्यार कबूल किया है, इसलिए मुझे उसके साथ अकेले जाना ही होगा, अगर नहीं गई तो...तरह-तरह की धमकियां दे रहा है...मैंने तो वह कार्ड यूं ही...।

"कोई बात नहीं, मैं सब समझ गई, घबराने की कोई बात नहीं। मैं उसके माता-पिता व तुम्हारी क्लास टीचर से बात करूंगी। मां ने उसे दिलासा दी, परंतु रिद्धि और भी ज्यादा रोने लगी कि इससे क्लास के सारे स्टूडेंट्स को पता लग जाएगा, सब मुझ से बात नहीं करेंगे और बात का बतंगड़ बन जाएगा।

किसी को कुछ पता नहीं लगेगा, मां ने रिद्धि को समझा कर तसल्ली दी और फिर किसी तरह कोशिश करके रिद्धि की परेशानी को खत्म कर दिया। रिद्धि को खुशी थी कि वह लड़का अब उससे बात नहीं करता और सारी बातें खत्म हो गई थीं। क्लास की किसी स्टूडेंट को पता भी नहीं लगा था। अब वह अपनी परेशानियां मम्मी को बताने में कोई झिझक महसूस नहीं करती थी।

ऐसी ही अनेकों परेशानियां जवानी में कदम रख रही बेटी के माता-पिता के सामने आती हैं। इस मामले में मां का दायित्व पिता से अधिक महत्त्वपूर्ण होता है। यदि मां बेटी को विश्वास में लेकर उससे दोस्ताना व्यवहार रखे, तो बेटी को अनेकों परेशानियों का सामना ही न करना पड़े। बड़ी हो रही बेटी पर यदि मां बचपन की तरह हुक्म चलाती रहती है, तो बेटी मां को अपना दुश्मन तक समझने

लगती है। फिर वह मां से बातें छुपाती है, अपने ब्वाय फ्रेंड से जान-बूझकर संबंध स्थापित करती है या फिर मां के आ जाने पर सहेलियों से बात करते-करते चुप हो जाती है।

मां का दायित्व है कि बेटी के बचपन और युवावस्था के बीच के इस दौर में उसकी आवश्यकताओं व स्वभाव को ठीक प्रकार समझे और उनके अनुसार उसे सहेली की भांति सलाह दे।

बेटी यदि स्कूल या ट्यूशन के लिए अकेली जाती है, तो अकसर लड़कों द्वारा छेड़छाड़ की समस्या इस उम्र में उसके लिए सर्वाधिक बड़ी समस्या बनती है। बेटी को समझाएं कि वह न तो उनसे सवाल-जवाब करे, न ही किसी प्रकार के उलटे जवाब देकर वह उनसे पंगा ले और यदि कोई लड़का शालीनता से बात करना चाहे, तो अनावश्यक रूप से छूट न देकर संक्षिप्त शब्दों में बात कर ले, फिर कोई इस तरह उसे परेशान नहीं करेगा। इसके साथ ही बेटी में आप इतनी हिम्मत भी दें कि वह आवश्यकतानुसार अकेली आ-जा सके और समय-असमय कहीं जाना पड़े तो घबराए नहीं।

इसके अतिरिक्त इस उम्र में लड़कियों के पुरुष मित्र बनते हैं, तो आप पर निर्भर करता है कि किस प्रकार उसके मन में सही स्थिति पैदा करें कि वह मित्रता में शालीनता का उल्लंघन न करे। उसे लड़कियों की मर्यादाओं का ज्ञान कराएं, परंतु उपदेश हरगिज न दें। उपदेश से इस उम्र के किशोर-किशोरी चिढ़ते हैं और जान-बूझकर गलत तथ्य शिक्षा के विपरीत कार्य करते हैं।

पिछले दिनों की बात है 16 वर्षीय आरुणि अपने मित्रों के साथ पिकनिक पर गई, तो लौटकर मम्मी को उनके बारे में खुल कर बताने लगी। फिर मम्मी से पूछने लगी कि मम्मी मेरी सहेली रुचि के माता-पिता तो उसे रात को भी पार्टी में जाने की अनुमति दे देते हैं। वह उस दिन होटल की पार्टी में गई थी, तो रात को नहीं लौटी, सुबह ही वापस आई, पर उसके मम्मी-पापा ने कुछ नहीं कहा। आप तो मुझे लेट-नाइट पार्टीज में जाने ही नहीं देतीं, बताइए क्यों?

मम्मी बोली, 'क्योंकि मुझे पसंद नहीं है। क्या तुम जानती हो ऐसे में लड़कियों के सेक्स संबंध तक स्थापित हो जाते हैं। मैं यह नहीं कह रही कि तुम्हारी सहेली के ऐसे संबंध हैं। मैं एक सामान्य बात कह रही हूं। मेरे हिसाब से यह सब गलत है।'

आरुणि बेझिझक बोली, 'मम्मी आज के जमाने में सेक्स क्या पहले और क्या बाद में, लड़कियां तो पहले ही संबंध बना लेती हैं। एक बात बताइए, जब

लड़के शादी से पहले हर प्रकार का मजा उठा सकते हैं, तो लड़कियां क्यों नहीं। आप भइया को तो कभी रात को देर से आने पर कुछ नहीं कहती। मैं लड़की हूं तो क्या इसलिए मुझसे भेद-भाव करती हैं।'

'बात भेद-भाव की नहीं है। हमारे समाज में विवाह पूर्व सेक्स किसी के लिए भी सही नहीं ठहराया जा सकता। फिर क्या तुम जानती हो कि लड़कों के पास गंवाने के लिए कुछ नहीं होता, जबकि लड़कियों ने एक बार शालीनता की दीवार तोड़ी कि सब कुछ गंवा दिया। इस बात पर गंभीरता से विचार करना, फिर मैं तुमसे बाद में बात करूंगी।'

ऐसे ही अनेक सवाल किशोर बेटी के मन में लहरों की भांति उमड़ रहे होते हैं, जिनका उत्तर वे पाना चाहती हैं। मां का सही मार्गदर्शन ही सही, मार्गदर्शन ही बेटी को सही राह दिखा सकता है। इस उम्र में बेटी को मां से अधिक आवश्यकता एक 'मेच्योर सहेली' की होती है, जो उसके सवालों का सही जवाब दे सके।

बेटी के मित्रों की जानकारी रखना मां का दायित्व है। वे किस प्रकार के हैं, किस परिवार से हैं, इन बातों की जानकारी किसी त्योहार या जन्म दिन आदि के अवसरों पर आसानी से ली जा सकती है। मित्रों या उनके परिवार वालों से ऐसे अवसरों पर मिलना या फोन करना लाभदायक रहता है, जिससे आपसी समझ बढ़ती है। बेटी के साथ यदि अधिक सख्ती की जाए, तो वह मित्रों की बात मां को कभी नहीं बताएगी।

यों तो बेटी की गतिविधियों पर नजर रखना मां का कर्तव्य है, परंतु कभी ऐसा जाहिर न होने दें कि आप जान-बूझकर उसके कार्यक्रम जानने की कोशिश कर रही हैं या जबरन उसे अकेले न भेजने के कारण उसके साथ जा रही हैं। उसमें आत्मविश्वास जगाएं व हर परिस्थिति से डट कर मुकाबला करने का साहस भी जुटाएं, साथ ही सही-गलत का ज्ञान भी उसे कराएं।

आज के युग में परिस्थिति के अनुसार उसे कैरियर के चयन में मदद करें। दसवीं के पश्चात् ही उसकी रुचियों के अनुसार उसे विषय चुनने में मदद करें। यदि उसे किसी कार्य में आपके सहयोग की आवश्यकता है, तो खुलकर मदद करें। घरेलू कार्यों के अतिरिक्त छोटे-मोटे आवश्यक कार्यों की जानकारी उसे अवश्य देना चाहिए जैसे बैंक से रुपए लाना, जमा करना, ड्राफ्ट बनवाना, चैक जमा करना, बिजली का फ्यूज लगाना या मरम्मत करना, पानी का नल लगाना, गैस का सिलेंडर बदलना, किसी आगंतुक से बात करना आदि।

ये सभी ऐसे कार्य हैं जिनकी पूरी जिंदगी आवश्यकता पड़ती है और इनकी जानकारी न होने पर सदैव दूसरों पर निर्भर रहना पड़ता है। अकसर लड़कियां जरा सा फ्यूज उड़ जाने पर या बिजली की समस्या उत्पन्न होने पर घबरा जाती हैं और घबराकर मेन स्विच तक बंद नहीं कर पातीं। यदि आप अपनी बेटी का सही व्यक्तित्व निखारना चाहती हैं, तो उसे ऐसी बातों की जानकारी अवश्य दें, ताकि उसमें आत्मविश्वास जागे।

उसे कभी न घबराना और समस्याओं का सामना करना सिखाएं, ताकि भविष्य में कोई दुर्घटना होने पर वह घबराए बिना उनका सामना करे। यदि किसी को चोट लग गई, तो घबराकर खुद ही न रोने लगे, वरन तुरंत डॉक्टरी सहायता प्राप्त करने का प्रयास करे या पुलिस को खबर देनी हो तो यूं ही घबरा कर यह भी न कर सके।

उसे रेल यात्रा या सामान्य बातों की जानकारी देना आवश्यक है। यदि भविष्य में उसे कभी इंटरव्यू या उच्च शिक्षा के लिए बाहर जाना पड़े, तो यह जानकारी उसके काम आएगी।

यदि मां अपनी बेटी को बात-बात पर नहीं डांटती और उसकी इच्छा-अनिच्छा का खयाल रखती है, तो बेटी अपनी मां को सच्ची सहेली मानकर अपनी हर समस्या का खुलकर वर्णन करती है। बेटी पर विश्वास करें, पहरेदारी नहीं।

बड़ी हो रही बेटी पर कभी-कभी छोटी-छोटी जिम्मेदारी भी डालें, जिससे उसे अपनी जिम्मेदारियों का अहसास हो, जैसे अपनी छोटी बहन या भाई को पढ़ाना, उनका होम वर्क कराना, मेहमानों के आने पर भोजन सर्व करना, पत्र-रजिस्ट्री या कोरियर करना, घर में सफाई या भोजन में सहयोग करना, कभी-कभी अपने वस्त्र धोना। किसी भी प्रकार की जिम्मेदारी डालने पर बेटी को अपने बड़प्पन का अहसास होता है, उत्तरदायित्व की भावना आती है और उन जिम्मेदारियों को पूर्ण करके आत्मविश्वास जागृत होता है।

बेटी के पास यदि अत्यधिक टेलीफोन आते हैं, तो बातों-बातों में कभी कभार उसकी सहेलियों व मित्रों की जानकारी लेकर यह पता करती रहें कि किस-किस के फोन आते हैं। कहीं बेटी किसी कुचक्र का शिकार हो जाए या पुरुष मित्रों के अधिक चक्कर में न पड़ जाए। मित्रता की सही-गलत आयु कहना तो कठिन है, परंतु 18 वर्ष की होते-होते बेटी में इतनी परिपक्वता आ चुकी होती है कि वह सही-गलत का निर्णय ले सके और गलत कदम न उठा सके। परंतु 13 से 16 वर्ष के बीच की आयु अति संवेदनशील होती है, जिसमें मां को बेटी से अपनी बात

सही ठहराना मुश्किल हो जाता है। वह स्वयं को बहुत समझदार विकसित व बड़ा महसूस करने लगती है और अपने हर निर्णय को ही सही समझती है। वह अपने हर निर्णय से ही आपको सहमत करने का प्रयास करती है न कि आपके निर्णय से सहमत होती है। मां का दायित्व है कि उसे सही निर्णय लेने में मदद करे व अपनी बात व तर्कों से बेटी को पूर्ण रूप से कनविंस करे। उसके अधिक फोन करने पर या आने पर जहां तक हो सके थोड़ी बहुत पाबंदी लगा दें। उसे समझाएं कि सीमा में रहकर ही फोन पर बात करना ठीक है।

आज के युग में बच्चों को, खासकर लड़कियों को टेलीफोन पर घंटों बातें करते देखा जा सकता है, जो मां-बाप के लिए एक बड़ा सिरदर्द बन गया है। बड़े शहरों में युवा होती बेटी की समस्याओं में सबसे बड़ी व महत्त्वपूर्ण समस्या 'टेलीफोन' बन गई है। पूरे दिन वे फोन में उलझी रहती हैं। मां-बाप के लिए यह पता लगाना भी कठिन होता है कि वे किससे बात कर रही हैं। उनसे जबरदस्ती भी आप कुछ मालूम नहीं कर सकतीं। ऐसे में अच्छा यही है कि आप कभी-कभी उनके फोन के लिए टोकती रहें या पिता उन्हें अधिक फोन करने पर टोकें। आप उसकी सहेली बनकर बातों-बातों में यह जानने का प्रयत्न करें कि वे किससे क्या बात कर रही थीं। यदि हो सके तो थोड़ी बहुत बातचीत सुनने का प्रयास करें।

मां को इस बात का सदैव ध्यान रखना चाहिए कि युवावस्था की ओर कदम बढ़ा रही बेटी को कभी भी सख्ती से अपने वश में नहीं किया जा सकता। उसे सहयोग देकर व सहेली समझकर ही सही निर्देशित किया जा सकता है। बेहतर हो कि आप उसे लड़कों की मानसिकता और सामाजिक स्थितियों के विषय में खुलकर बताएं। अपनी बेटी को एक मित्र की तरह समझाएं कि 'प्रायः इस उम्र में लड़कियां लड़कों की ओर आकर्षित हो जाती हैं और उन्हें पसंद करने लगती हैं। यह सब कुछ स्वाभाविक है। तुम तो सह-शिक्षा स्कूल में पढ़ती हो, जहां लड़के तुम्हारे साथ पढ़ते हैं, तो इस समय लड़के लड़कियों के अनेक मित्र बनते हैं। मित्र बनाने में कोई बुराई नहीं है, परंतु शालीनता की सीमा लांघना बुरा है।

कुछ लड़के लड़कियों को प्रभावित करने के लिए उन पर किसी प्रकार का अहसान करते हैं या कुछ ऐसा कर दिखाते हैं, जो लड़की न कर पा रही हो, परंतु वह करना चाहती हो। वे लड़कियों को उसके बदले किसी बहाने अपने पास बुलाते हैं या अहसान का बदला चुकाने के लिए लड़की को इस प्रकार फंसा लेते हैं कि वह दबाव में आकर उसकी बात मान बैठती है। कुछ लड़के यौन संबंध

बनाने के लिए भी तरह-तरह के दबाव डालते हैं। ऐसे लड़कों से सदैव बचकर रहना चाहिए।

इसी प्रकार पार्टी या जुलूस, उत्सव आदि के अवसर पर कुछ लड़के अपने हाव-भाव, ड्रेस, व्यवहार, तौर-तरीकों से लड़कियों को इस प्रकार प्रभावित करते हैं कि लड़कियां पहली नजर में ही उनकी ओर खिंची जाती हैं। परंतु वास्तव में एक नजर में पसंद किया गया कोई व्यक्ति मित्र हो सकता है, प्रेमी-आशिक नहीं। किसी को जांचने-परखने के बाद ही मित्रता को आगे बढ़ना चाहिए।

बहुत धनी, बड़ी गाड़ियां रखने वाले, डिस्को डांस के शौकीन, शराब के शौकीन लड़के लड़कियों को आसानी से पटा लेते हैं, परंतु प्रायः ऐसे लड़के अनेक लड़कियों से फ्लर्ट करते हैं। उनके स्वभाव में गंभीरता या सोबरनेस नहीं होती, अतः किसी के गुण-अवगुण एक नजर में नहीं पहचाने जा सकते। कोई भी गलत कदम लड़की को मुश्किल में डाल सकता है।

मित्रता किसी से भी करने में कोई बुराई नहीं है, लेकिन मित्रता की सीमा लांघना गलत है। यदि कोई लड़का बार-बार अकेले मिलने का आग्रह करता है, यौन संबंध बनाने पर जोर देता है या विवाह का विश्वास दिलाता है, तो उससे बचना चाहिए। विवाह के आश्वासन पर विवाह के पूर्व संबंध बनाने से लड़की मुसीबत में फंस सकती है। ऐसी स्थिति में लड़का-लड़की को पहचानने तक से इनकार कर देता है अथवा संबंधों से मुकर जाता है।

कुछ विवाहित पुरुष अपनी पत्नी से बुरे संबंधों का बहाना बनाकर अन्य युवतियों से संबंध बनाते हैं। स्वयं तलाक लेकर विवाह का आश्वासन देते हैं। और शारीरिक संबंध स्थापित करने का प्रयास करते हैं। ऐसे लोग प्रायः फिल्मी तारिकाओं के विवाहित पुरुषों से विवाह के उदाहरण देते हैं। ऐसे रिश्ते में फंसने से लड़की को सदैव बचना चाहिए। समाज में ऐसे विवाह की कोई अहमियत नहीं होती। ऐसे विवाहित पुरुष कुछ समय बाद लड़की को छोड़ अपनी पत्नी के पास रहने लगते हैं।''

इसी प्रकार अनेक बातें जो कोई भी लड़की किसी अन्य से जिक्र नहीं कर सकती, वह अपनी मां से कर सकती है, उससे सलाह मशविरा कर सकती है। मां उसे सही-गलत का बोध करा सकती है।

ग्यारह वर्षीय अंशु एक दिन अपनी मां से चुपके से बोली, 'मां मुझे ब्लड प्रेशर की बीमारी हो गई है।'

सुनकर मां हंसने लगी, बोली, 'कहीं बच्चों को भी ब्लड प्रेशर की बीमारी होती है, फिर तुम्हें कैसे पता कि तुम्हें बीमारी हो गई है।'

मां ने देखा कि अंशु बहुत गंभीर है। अंशु ने धीरे से अपनी स्थिति के बारे में बताया, तो मां तुरंत समझ गई कि बात क्या है। फिर मां ने अंशु को धीरे से 'मासिक धर्म' के बारे में जानकारी दी और समझाया कि वह अब बड़ी हो रही है।

अंशु शरमा गई और फिर मां को अपनी दोस्त समझकर अपनी ऐसी ही निजी बातों के बारे में बेझिझक बताने लगी।

विवाहिता बेटी

जिस प्रकार युवावस्था में कदम रख रही बेटी को समय-समय पर एक समझदार दोस्त की आवश्यकता होती है, उसी प्रकार विवाहिता बेटी को कभी-कभार सलाह की आवश्यकता होती है।

बेहतर यही है कि विवाहिता बेटी अपना सबसे अच्छा मित्र व सलाहकार अपने पति को ही माने। इसके अतिरिक्त वह अपनी सास को भी अपना सलाहकार समझ सकती है। परंतु प्रायः हमारे समाज की परिस्थितियां ऐसी नहीं होतीं कि एक बहू और सास में मां-बेटी जैसा रिश्ता कायम हो जाए।

विवाह के पश्चात् सामंजस्य को लेकर, ससुराल में लोगों की आदतों को लेकर बेटी को परेशानी आ सकती है। ऐसी स्थिति में बेटी मां से ही सलाह मशविरा कर सकती है। लेकिन मां को सलाह देते समय ध्यान रखना चाहिए कि बेटी की ससुराल ही अब उसका घर है, अतः सलाह सदैव इस प्रकार देनी चाहिए कि बेटी वहां सामंजस्य बिठा सके। बेटी को गलत व्यवहार के लिए उकसाना सर्वथा गलत है।

बेटी को मां के सामने ससुराल के लोगों का रोना नहीं रोना चाहिए, न ही उनकी बुराई करनी चाहिए। इस प्रकार दुखड़ा रोने से मां भी सलाह देने में भेद-भाव कर बैठती है। उसे यूं महसूस होता है कि मेरी बेटी दुखी है और वह गलत सलाह दे देती है। बेहतर स्थिति तो यही है कि विवाहित बेटी एक समझदार पत्नी का रिश्ता निभाते हुए अपनी पारिवारिक समस्याएं अपनी मां को कम-से-कम बयान करे। ऐसी समस्याएं स्वयं सुलझाने का प्रयास करे अथवा अपने पति से सहयोग लेने का प्रयास करे।

लड़की दिखाना भी एक कला

पिछले दिनों एक पार्टी में मेरी परिचिता मिसेज गुप्ता काफी समय बाद मिलीं। उनका चेहरा काफी मुरझाया हुआ था। मैंने कहा, 'क्या बात है, आप तो बड़ी खुश दिल थीं, हरदम हंसती रहती थीं, यह उदासी किसलिए? क्या कोई परेशानी है?' मिसेज गुप्ता ने चेहरा लटकाए-लटकाए हुए बताया कि क्या करूं, बेटी की चिंता खाए जा रही है। 26 की पूरी हो गई है, कहीं बात बनती ही नहीं।

मैंने अपनी उत्सुकता बढ़ाते हुए कहा, 'क्या कोई दहेज की समस्या आड़े आ जाती है।' 'अरे नहीं बहन, ऐसी कोई बात नहीं है। जब भी बेटी को दिखाने की बात आती है, कहती है मैं उनके सामने नहीं जाऊंगी। मैं बार-बार अपनी प्रदर्शनी नहीं लगवाऊंगी। मुझे नहीं करनी शादी। भला यह भी कोई बात हुई। जब तक रिश्ता कहीं पक्का नहीं हो जाता, दिखाना तो पड़ेगा ही। लड़के वाले लड़की को देखकर ही तो पसंद-नापसंद करते हैं।'

मैंने कहा, 'बात तो आपकी भी ठीक है, आप सुनयना को यहां भेज दीजिएगा, मैं उसे समझाऊंगी।'

उनके जाने के बाद मैं सोचने लगी कि यह समस्या प्रायः सभी लड़कियों के साथ आती है। कुछ लड़कियां तो इसे हंसकर और जीवन का अंग मान कर स्वीकार कर लेती हैं और कुछ लड़कियां इन्हीं क्षणों में स्वयं में अपराध भावना पाल लेती हैं कि मैं किसी लायक नहीं हूं या मैं सुंदर नहीं हूं और वे कुंठा का शिकार हो जाती हैं।

मुझे याद हो आई अपनी उस सहपाठिन शारदा की, जो बहुत ही सांवली-सी और दब्बू थी। एकदम दुबली-पतली होने के कारण चेहरा भी बेरौनक लगता था। उसकी एक ही खूबी थी, वह हरदम हंसती रहती थी। सबसे उत्तम व नरम व्यवहार

करती थी। हम सभी सहपाठिनों में उसका विवाह सबसे पहले बी.ए. करते-करते ही हो गया था। जब कि मेरी कक्षा की सबसे सुंदर सुषमा का विवाह काफी दौड़-धूप के बाद उसके माता-पिता कर सके थे।

मेरी सहपाठिन नीरू तो इस प्रदर्शनी से इतनी ऊब गई थी कि एक दिन अपनी मां से बोली, 'मां यदि तुमने मेरी शादी की अब बात भी की, तो मैं आत्महत्या कर लूंगी।' मां ने डर कर शादी की बात भी बंद कर दी। अब वह अकेली रहकर नौकरी कर रही है और इसी प्रकार अपनी जिंदगी गुजार रही है।

सुनयना की मां को मुझसे मिले एक सप्ताह हो गया था, पर सुनयना मुझसे मिलने नहीं आई थी। फिर एक दिन अचानक सुनयना आई। बात-बात पर हंसती-खिलखिलाती रही। कॉलेज की ढेरों बातें सुनाती रही, पर शादी की बात आते ही गुमसुम हो गई, कहने लगी, 'दीदी, मुझे नहीं करनी शादी। रोज-रोज लड़के वाले मुझे देखने आएं, मेरी प्रदर्शनी हो, यह मुझे कतई अच्छा नहीं लगता।'

मैंने उसे समझाते हुए कहा, 'देखो शादी तो तुम्हें करनी ही है। सभी शादी करके अपना-अपना परिवार बसाते हैं। मैंने भी की है न शादी! देखो कितनी खुश हूं मैं। अपने परिवार के साथ हंसना-बोलना कितना अच्छा लगता है। तुम्हारे माता-पिता भी तुम्हारा विवाह करना चाहते हैं।'

'सो तो है', पर दीदी मुझे इस देखने-दिखाने से नफरत हो गई है।''

'हां, मैं जानती हूं। लड़कियों के लिए यह बहुत पीड़ादायक होता है कि कोई आए और उन्हें नापसंद या रिजेक्ट करके चला जाए। अच्छा एक बात बताओ। तुम पढ़ी-लिखी हो। तुम्हारा रंग बहुत गोरा नहीं है, तो क्या! जमाने के साथ तुम बहुत स्मार्ट तो हो ही। और भी कई खूबियां हैं तुममें, फिर तुम्हारी अपनी पसंद क्या कोई मायने नहीं रखती।' मैंने कहा।

'रखती है दीदी, यही बात तो मैं मां को भी समझाना चाहती हूं', वह बोली।

मैंने उसे समझाते हुए कहा, 'देखो सुनयना तुम तो भगवान की दया से अच्छे परिवार की हो, पढ़ी-लिखी हो, फिर जब लड़के वाले आते हैं, तो तुम अपने अंदर यह भावना क्यों आने देती हो कि यह तुम्हारी प्रदर्शनी लग रही है। असल में जब लड़का या उसके घर वाले तुम्हें देखने आते हैं, तब तुम्हें भी तो हक है कि तुम उन्हें भली-भांति देखो। अपने अंदर आत्मविश्वास पैदा करो, सुनयना। हंसती-मुस्कराती लड़के वालों के सामने वैसे ही जाओ, जैसे अभी मेरे सामने थीं। तुम मन में सोचो कि जैसे ये तुम्हें पसंद करने आए हैं, तुम भी इन्हें पसंद करने

जा रही हो। एक बात और समझ लो। यदि कोई लड़का तुम्हें किसी वजह से पसंद नहीं आया, तो साफ-साफ अपनी पसंद अपनी मां को बता दो। मैं जानती हूं कि तुम्हारे माता-पिता तुम्हारी मर्जी के खिलाफ वहां रिश्ता हरगिज नहीं करेंगे। माता-पिता भी तो बेटी को सुखी देखना चाहते हैं।'

बस, बातों-बातों में काफी समय बीत गया और सुनयना अपने घर चली गई। समय बीतता गया। अभी पिछले दिनों एक समारोह में सुनयना मिली, तो मैं उसे पहचान ही न सकी। वह भारी साड़ी व जेवरों से लदी इधर-उधर चहकती घूम रही थी।

मुझे देखकर खुद ही मेरे पास आई और बोली, 'दीदी, आपकी नसीहत ने तो गजब का काम किया। आपसे मिलने से पहले तक मैंने कभी यह सोचा ही नहीं था कि मैं भी कुछ पसंद करने जा रही हूं। लड़के वालों के देखने की बात सोच कर ही लगने लगता था कि मेरी प्रदर्शनी होने वाली है और मैं नर्वस होकर आत्मविश्वास खो बैठती थी।

सच बताऊं दीदी, एक बार एक लड़के वाले देखने आए, तो मुझे लगा कि लड़का कुछ हकलाता है। मैंने साफ मना कर दिया कि मैं उससे शादी नहीं करूंगी और वास्तव में माता-पिता मेरी बात मान गए।

आप ने सचमुच मेरे अंदर आत्मविश्वास का ऐसा जादू भर दिया कि अगली बार ही मेरा रिश्ता हो गया। मैं अब बहुत खुश हूं, प्यार करने वाला पति व सास-ससुर मिले हैं। अब मैं अपनी सभी छोटी बहनों व सहेलियों को इस गुण के बारे में बताती रहती हूं, ताकि वे यह न कहें कि मां मेरी प्रदर्शनी मत लगवाओ।

मां-बेटी में कैसी होड़

प्रिय सखी रुचि,

मैं तुम्हें अपना समझकर यह पत्र लिख रही हूं। तुम मेरी सहेली ही नहीं, मेरी बड़ी बहन की तरह हो। समझ नहीं आता बात कहां से और कैसे शुरू करूं। तुम तो जानती ही हो कि मेरा रंग शुरू से सांवला है, परंतु मुझे परिवार में किसी ने कभी यह महसूस नहीं होने दिया कि मैं सांवली हूं। मेरी मां व पिता ने मुझमें पूरा आत्मविश्वास जगाने की कोशिश की है।

पिछले साल मैंने अपना 14वां जन्म दिन मनाया था। जब से मैं कुछ बड़ी हुई हूं, मुझे मां के साथ जाने में शर्म महसूस होने लगी है। मां का रंग इतना गोरा है और वह इतनी सज-संवर कर रहती है कि हम जहां कहीं साथ जाते हैं। सभी उनकी प्रशंसा करने लगते हैं। मैं भीतर-ही-भीतर ईर्ष्या से जल उठती हूं।

कभी-कभी तो मैं गुस्से में आकर अपनी शकल-सूरत संवारती ही नहीं, बाल बिखराए यूं ही पार्टी में माता-पिता के साथ चली जाती हूं। जानती हो क्यों? क्योंकि मुझे पता है कि मां ही सबके आकर्षण का केंद्र होंगी। कोई मेरी तरफ पलट कर भी नहीं पूछेगा कि कैसी हो। अच्छी लग रही हो वगैरा।

ऐसा नहीं कि मेरे पास अच्छे कपड़े नहीं, पर मैंने देखा है कि मां पर हर कपड़ा फबता है, वह अपने स्वास्थ्य का भी बहुत ध्यान रखती है और सदैव चुस्त-दुरुस्त नजर आती है। वैसे तो मैं भी मां की तारीफ करती

हूं, परंतु जब कोई केवल उनकी प्रशंसा करता है, मेरी नहीं करता, तो मुझे बहुत जलन होती है। मैं भी उनकी तरह अच्छे काम करने की कोशिश करती हूं, पर मां जैसी प्रशंसा नहीं पाती।

रुचि, मैं क्या करूं, कुछ समझ नहीं आता। इसी चिढ़ और जलन की वजह से किसी काम में मन नहीं लगता, मर जाने को जी चाहता है। तुम्हीं बताओ मैं इसका हल कहां और कैसे ढूंढूं।

उत्तर की शीघ्र प्रतीक्षा में

तुम्हारी सखी
प्रिया

मेरा नाम भी रुचि है, शायद इसी कारण या डाक की गड़बड़ी से यह पत्र पिछले दिनों हमारे यहां आ गया। चूंकि ऊपर भेजने वाले का नाम नहीं लिखा था, पते के स्थान पर अपना नाम लिखा देखा, तो तुरंत पत्र खोल लिया। पत्र पूरा पढ़ लिया, पर कोई भी बात ठीक से समझ में नहीं आई।

अब मैंने पुनः लिफाफा देखा, तो पता लगा कि पता किसी और मोहल्ले का था। मैंने पत्र को पुनः लिफाफे में बंद किया और सही पते पर रवाना कर दिया। परंतु पत्र पढ़कर मैं विचारों में खो गई।

अपने चारों तरफ लोगों की ओर निगाह दौड़ाई, तो प्रतीत हुआ कि जवानी की ओर बढ़ती बेटी अकसर मां को अपनी प्रतिद्वंद्वी समझ बैठती है। यदि मां देखने में छोटी, अधिक सुंदर व स्मार्ट हो, तो यह समस्या अधिक बढ़ जाती है।

अनिका का रंग काफी गोरा-चिट्टा है, परंतु उसका कद बहुत कम रह जाने के कारण वह काफी थुलथुल मोटी लगती है। मेरे घर के पास ही रहती है। एक दो बार मैंने उससे बात करने की कोशिश की, तो वह टाल कर चली गई। मुझे लगा कि वह शायद कम बोलना पसंद करती है और अंतर्मुखी स्वभाव की है। इस कारण काफी चुप रहती है।

कुछ दिन पहले हमारे पड़ोस में शर्माजी के यहां शादी थी। उन्होंने सभी पड़ोसियों को निमंत्रित किया था। अनिका भी सपरिवार वहां आई थी। वह किसी से भी बात करने के स्थान पर एक कोने में चुपचाप खड़ी थी।

थोड़ी देर में मैं भी उसके पास खड़ी हो गई। वह बहुत कम बोल रही थी, परंतु उसके हाव-भाव व बातचीत से यूं आभास हुआ कि उसमें मोटापे के कारण हीन भावना आ गई है। साथ ही उसके मन में अपनी मां के प्रति ईर्ष्या की भावना थी। हालांकि मैंने देखा कि उसकी मां देखने में सामान्य है, रंग भी गेहुंआ ही है, पर काम करने में काफी चुस्त है। जबकि अनिका काफी ढीली-ढाली सुस्त लड़की है।

थोड़ी-सी ही बातचीत में वह मुझसे खुल गई। वह बोली-घर में जो भी आता है, मुझे कहता है मां की तरह चुस्त बनो। भला यह भी कोई बात हुई। मां मां है, मैं–मैं हूं। मां अपनी तारीफ के चक्कर में हर समय काम में लगी रहती है। मैं तो इतना काम नहीं कर सकती।

'कोई कहता है, वजन कम करो, कोई कहता है लंबाई बढ़ाओ, जैसे सब कुछ मेरे वश में है।' अनिका बोली।

मैं उसका दर्द समझ चुकी थी। मैंने उसे समझाया, 'मां की प्रशंसा पर खीझ कैसी? जब तुम जानती हो कि चुस्त और ज्यादा काम करने वाले की सभी प्रशंसा करते हैं, तो तुम भी चुस्त बनो।' आवश्यक नहीं कि वही काम करो जो मां करती है। अपने शौक के काम करो, पेंटिंग बनाओ या कोई अन्य काम करो। एक तो जो काम तुम करोगी, उसकी प्रशंसा पाओगी, फिर व्यस्त रहने से इधर-उधर की बातों पर ध्यान नहीं जाएगा और व्यस्तता के ही कारण सेहत स्वयं ही सामान्य हो जाएगी।

वह चुप हो गई। बात शायद उसकी समझ में आ गई थी। कुछ दिन बाद मैंने देखा कि वह काफी हंसमुख हो गई थी व आत्मविश्वास के साथ सबसे बातें करने लगी। देखने में भी थोड़ी-सी दुबली लगने लगी थी। शायद उसका वजन कम होने लगा था।

इसी प्रकार अनेक बड़ी होती लड़कियों के सामने यह समस्या आती है। एक तरफ तो किशोरावस्था से जवानी में कदम रखते वक्त उनकी भावनाओं में बदलाव आ रहा होता है, दूसरी तरफ जब वे अपनी प्रशंसा के स्थान पर अपनी मां की प्रशंसा सुनती हैं, तो वे अपनी मां को अपनी प्रतिद्वंद्वी समझ बैठती हैं।

यूं तो प्रशंसा की चाह हर किसी को होती है, परंतु यौवनावस्था में कदम रखती युवतियां प्रशंसा के लिए ज्यादा ही लालायित रहती हैं। ऐसे में यदि उनके स्थान पर उनकी बड़ी बहन या मां की प्रशंसा की जाए, तो उनमें ईर्ष्या की भावना आ जाती है।

वास्तविकता यह है कि मां देखने में कितनी ही छोटी क्यों न लगे या कितनी भी खूबसूरत क्यों न हो, मां-बेटी में कोई होड़ नहीं, कोई मुकाबला नहीं। यौवनावस्था में लड़कियों में स्वयं ही एक आकर्षण होता है। उस उम्र में त्वचा स्निग्ध एवं लावण्यमय होती है, जब कि उम्र बड़ी होते-होते त्वचा में खिंचाव एवं रूखापन आ जाता है।

अतः किशोरी का रंग गोरा हो अथवा काला, उसे अपनी मां से तुलना करके अपने में हीनता लाने में कोई बुद्धिमानी नहीं। अब नमता का ही उदाहरण लें। वह देखने में अत्यंत साधारण है, परंतु सदैव हंसती रहती है। किसी के हंसी-मजाक से अपने में हीन भावना नहीं पनपने देती।

नमता की मां देखने में साधारण, परंतु अत्यंत फुर्तीली है। देखने में नमता की बड़ी बहन के समान लगती है। कुकिंग में वह इतनी निपुण है कि जब भी कोई मेहमान भोजन पर आता है, तो उनकी खूब प्रशंसा करता है। कोई कहता है कि आप इतनी बड़ी बेटी की मां नहीं लगतीं, कोई कहता है कि आपकी बेटी आपकी छोटी बहन लगती है या भोजन पकाने में आपका जबाव नहीं, तो वह हंसकर टाल देती है। नमता भी इस बात को हंसकर टाल देती है, कोई बुरा नहीं मानती। नमता में अपने गुण हैं। उसकी अपनी कला व अपने शौक हैं। उसे गाने का बहुत शौक है। वह मां की प्रशंसा से ईर्ष्या करने के स्थान पर खुश होती है कि मेरी मां मेरी सहेली की भांति है। वह मुझे मां के प्यार के साथ-साथ बड़ी बहन और सहेली का प्यार भी देती है। वह गाना सुनाकर अपने मेहमानों से प्रशंसा पाती है।

हर व्यक्ति की अपनी भिन्न योग्यता, कुशलता, बुद्धिमानी एवं सुंदरता होती है। अतः अपनी तुलना किसी भी व्यक्ति से करने के स्थान पर हर व्यक्ति को अपने गुणों को विकसित करना चाहिए। तुलना चाहे मां से की जाए, पिता, भाई बहन या सहेली से, दोनों में कोई-न-कोई अंतर तो होगा ही। किसी में कोई अच्छाई है, तो दूसरे व्यक्ति में कोई दूसरी अच्छाई। अतः मां-बेटी में तुलना हो और मां की प्रशंसा हो, तो बेटी का अपने मन में हीन भावना लाना मूर्खता है। साथ ही समझदार माताओं को भी बेटी की बढ़ती उम्र के साथ होने वाले भावनात्मक और संवेगात्मक परिवर्तनों का ध्यान रखना चाहिए। बेटी यदि किसी कारण से कुंठित हो रही है, तो उसकी भावनाओं को समझकर उसे कुंठा मुक्त करने का प्रयास करना चाहिए, जिससे बेटी के व्यक्तित्व में आने वाले विश्वास को रोकर उसे संतुलित आचरण सिखाया जा सके।

मां-बेटे के रिश्ते

बेटे को घरेलू काम भी सिखाएं

हमारे परिवारों में पुत्र की एक अत्यंत अहम भूमिका होती है, इसी कारण हर परिवार में बेटी से अधिक बेटे की चाहत रहती है। सामान्य रूप से लोगों को बेटे की चाह इतनी अधिक होती है कि परिवार में बेटी न होने पर उन्हें कोई फर्क नहीं पड़ता, बल्कि वे गर्व से सिर उठाकर कहते हैं कि उनके दो बेटे हैं या तीन बेटे हैं या वह तो केवल बेटे के पिता हैं। जबकि बिना बेटे के परिवार में लोगों का उत्साह बुझा-बुझा सा रहता है, पूछने पर कहा जाता है कि हमारे तो केवल बेटियां ही हैं। कारण यह है कि हर मां का अपने बेटे से एक विशेष भावात्मक लगाव रहता है और पिता वंश-परंपरा को आगे बढ़ाने के लिए पुत्र होना अनिवार्य समझता है। अतः परिवार पुत्र को अधिक महत्त्व देता है।

इसी पारिवारिक मान्यता के कारण परिवार में माता-पिता लड़कों को सिर चढ़ाकर रखते हैं, उनकी हर जिद व हर इच्छा को पूरा करने का प्रयास करते हैं। जहां बेटी को बचपन से ही काम करने की आदत डाली जाती है और काम न करने पर डांटा जाता है, वहीं बेटे को बैठे-बैठे हर वस्तु मुहैया कराई जाती है। वह घर में बड़ी बहन, दादा, बुआ, माता-पिता आदि सभी पर हुक्म चलाकर अपने काम कराता है, और सभी बहुत खुश होकर उसका काम मिनटों में पूर्ण कर देते हैं।

बचपन से लड़कों से किया गया यही व्यवहार उन्हें जिद्दी व आलसी बना डालता है। वे घर में आवश्यकता होने पर भी घर का कोई काम करना पसंद नहीं करते। उन्हें यह महसूस होने लगता है कि वे घर का कार्य करके, कोई तुच्छ कार्य कर देंगे। बाहर के कार्यों में अकसर वे आलस्य नहीं दिखाते, परंतु घर के काम करने में अपनी तौहीन समझते हैं।

इसी का नतीजा यह होता है कि अचानक मेहमान घर में आ जाएं और बेटी घर से बाहर गई हो, तो कामों की अफरा-तफरी मच जाती है। मेहमानों के लिए नाश्ता या भोजन कराने का सारा दायित्व स्त्री पर ही आ जाता है।

घर में काम न करने वाले बेटे को यदि शिक्षा प्राप्त करने के लिए कहीं घर से बाहर होस्टल आदि में रहना पड़े, तो उसे बहुत अधिक परेशानी होती है, क्योंकि उसने घर में तो अपना पानी का गिलास भी उठाकर नहीं रखा होता, चाय बनाना या अपने कपड़े धोना तो बहुत दूर की बात है।

यदि आप एकल परिवार में रहती हैं, तो समय-असमय यदि आप बीमार हो जाएं, तो पति छुट्टी लेकर नहीं बैठ सकते। अतः बेटा हो या बेटी, इन्हें बचपन से ही छोटे-मोटे घरेलू कार्यों की आदत अवश्य डाल देनी चाहिए। ऐसे में जब बेटा चाय या पानी का गिलास मां को ला कर देता है, तो मां के दिल को एक अजीब सा सुकून मिलता है। यदि आपने बेटे को ऐसे कार्य नहीं सिखाए होंगे, तो आप ऐसे वक्त दुखी होने के सिवा कुछ नहीं कर सकेंगी।

प्रायः ऐसा होता है कि यदि घर में बेटा और बेटी दोनों हैं, तो बेटी को थोड़ा बहुत घर का काम करना अवश्य सिखा दिया जाता है, लेकिन बेटे को काम सिखाने की आवश्यकता ही नहीं समझी जाती। ऐसा सोचा जाता है कि बेटी तो समय-असमय काम कर ही देगी। लेकिन सोचिए कई बार ऐसा भी होता है कि बेटी स्कूल गई है और बेटा घर पर है, तो बेटे से ही सहायता ली जा सकती है। यूं भी बेटे को घर के कार्य सिखाने से परहेज क्यों?

आज बेटियां भी बेटों के समान शिक्षा प्राप्त कर रहीं हैं और घर के बाहर निकल कर सभी प्रकार के दायित्व निभा रही हैं। भविष्य की कल्पना कीजिए जब आपकी बेटी किसी की पत्नी बनेगी या आपके बेटे के लिए पढ़ी-लिखी आधुनिक पत्नी घर में आएगी। इन लड़कियों को अपने पति से अनेक अपेक्षाएं होंगी, क्योंकि वे घर के अतिरिक्त बाहर का भी दायित्व संभाल रही होंगी। अतः वे सदैव यही चाहेंगी कि उनका पति उनके घरेलू कार्यों में भी मदद करे। यदि आपने अपने बेटे के मन में घरेलू कार्यों के तुच्छ होने की बात भर दी है, तो वह अपनी पत्नी के घरेलू कार्यों में किसी प्रकार की मदद नहीं करेगा, जिससे उनमें आपस में कहा सुनी या कलह होती रहेगी।

यदि आपके केवल बेटे हैं और बेटी एक भी नहीं, तब तो यह आपके लिए बहुत अधिक आवश्यक है कि आप बेटे को घर के जरूरी कार्य अवश्य सिखाएं। जैसे चाय बनाना, अपने बर्तन उठाकर रखना, बड़ों को पानी पिलाना, मेहमानों के आने पर उनके लिए नाश्ता या भोजन सर्व करना, कभी-कभी अपने कपड़े धोना। यदि लड़के की उम्र 10 वर्ष से ऊपर है, तो उसे अपने कपड़े तह कर के संभाल कर रखना व कपड़े प्रेस करना अवश्य सिखाएं। बड़े होने पर अकसर लड़कों के कपड़े बिखेर कर डालने से पत्नियों में कहा-सुनी होती है और यह झगड़े का एक कारण बनता है।

घरेलू कार्यों से यह तात्पर्य कतई नहीं कि आप उन्हें दाल, सब्जी, रोटी जैसे चीजें बनानी सिखाएं, तात्पर्य यह है कि घर के छोटे-मोटे कार्य ही सीख लेना काफी है। अकसर देखा जाता है कि संयुक्त परिवार में यदि स्त्री अपने बेटे को कोई घरेलू कार्य सिखाना चाहे, तो दादा-दादी या ताऊ आदि ऐसा करने से मना कर देते हैं। ऐसा भी होता है कि आपका बेटा आपके कहने से घर के एक दो काम कर दे, परंतु घर के बड़े पुरुष सदस्य लड़के की मजाक बनाएं कि तू तो लड़का है, तू लड़कियों के कार्य क्यों कर रहा है। ऐसे में आपका दायित्व है कि आप बेटे के मन में सही भावना पनपने दें और उसे उसकी भविष्य की जिम्मेदारियों से अवगत कराते हुए उसे समझाएं कि थोड़ा घर के कार्य करने में कोई बुराई नहीं होती। वक्त-बेवक्त यह कार्य तुम्हारे ही काम आएगा।

आने वाले भविष्य के बारे में कुछ नहीं कहा जा सकता है कि बेटे को किस प्रकार का जीवन यापन करना पड़े। अतः यह आवश्यक है कि आप जिस प्रकार बेटी को घरेलू कार्यों के अतिरिक्त व्यावसायिक शिक्षा प्रदान कर रही हैं, उसी प्रकार बेटे को बाहरी कार्यों के अतिरिक्त बचपन से छोटे-मोटे घरेलू कार्य करना सिखाएं और उसे पारिवारिक जिम्मेदारियों का अहसास कराएं।

●●●

बच्चों की प्रतिभा कैसे उभारें

लेखक: चुन्नीलाल सलूजा
टाइप: पेपरबैक
भाषा: हिन्दी
पृष्ठ: 191
प्रकाशक: वी एण्ड एस पब्लिशर्स

बैजू बावरा का नाम आज कौन नहीं जानता? वह विधवा मां के आंचल में ही पलें-बढ़े। दैवयोग से मां-बेटे को एक महान गुरु के दर्शन हो गए। उनकी दिव्य दृष्टि में बैजू की प्रतिभा समा गई और उनके विद्यादान से एक दिन वह इतने बड़े गायक बने कि पारखी उन्हे संगीत सम्राट तानसेन का प्रतिद्वन्द्वी मानने लगे।

- क्या आप भी इसी तरह बच्चों को प्रतिभा सम्पन्न बनाने के लिए जागरूक हैं?
- क्या आप जानना चाहते हैं कि बच्चों को सफल और बुद्धिमान कैसे बनाया जा सकता है?
- क्या आप उन्हें शिक्षा, खेल तथा अन्य क्षेत्रों में निरंतर हिस्सेदारी दिला रहे हैं?
- क्या आप उनके अंदर छिपी हुई क्षमताओं को खोज निकालने में सफल हो पाए हैं?
- क्या आप उनमें चुस्ती, स्फूर्ति, बुद्धिमानी, सच्चरित्रता, शिष्टाचार, व्यवहार कुशलता एवं संवेदनशीलता आदि गुण उभारना चाहते हैं?
- क्या आप अपने बच्चों को सबसे अलग, सबसे ऊंचा, सबसे स्वस्थ और सुंदर देखना चाहते हैं?

तो बच्चों के आकर्षक भविष्य के निर्माण के आपके सपने साकार करने में यह पुस्तक आपको बहुत कुछ सहायक हो सकती है।

बेटी की सच्ची सहेली मां

लेखक: शीला सलूजा
चुन्नीलाल सलूजा

टाइप: पेपरबैक

भाषा: हिन्दी

पृष्ठ: 132

प्रकाशक: वी एण्ड एस पब्लिशर्स

यह दुनिया का माना हुआ सच है कि बेटी में मां का ही स्वरूप होता है। वह उसी से शक्ति ग्रहण करती है। इसीलिए बेटी के प्रति मां के दायित्व उसके जीवन को सबल, सार्थक और सक्षम बनाते हैं। ऐसे में मां ही बेटी की सच्ची मित्र बनकर हर पहलू से उसकी तमाम जिज्ञासाओं और शंकाओं का समाधान करती है। मां का मित्रवत व्यवहार ही संकोचों को तिरोहित कर उसे खुलकर बात करने की प्रेरणा देता है और बेटी को अच्छे-बुरे की पहचान कराकर जीवन में संघर्ष करने और अपना सुदृढ़ स्थान बनाने की क्षमता प्रदान करता है। यह मैत्री ही इस पौधे की परवरिश कर उसे घर-परिवार और समाज के लिए फलदार यानी कुशल, कर्मठ और संस्कारवान गृहणी बनाती है।

इस पुस्तक में समाज की सबसे महत्वपूर्ण धरोहर बेटी के लिए मां को बड़े महत्वपूर्ण उपाय सुझाए गए हैं। इन्हें पढ़कर और इसमें बताए गए तौर-तरीकों को अपनाकर प्रत्येक मां अपनी बेटी के व्यक्तित्व को गढ़ने और जीवनशैली को संवारने में अपने दायित्व का निर्वाह कर सकेगी।

बनिए स्मार्ट हाउसवाइफ

लेखक: शीला सलूजा
चुन्नीलाल सलूजा

टाइप: पेपरबैक

भाषा: हिन्दी

पृष्ठ: 190

प्रकाशक: वी एण्ड एस पब्लिशर्स

परिवार रूपी नौका की खेवनहार गृहिणी होती है। एक कुशल नाविक जिस प्रकार अपनी नाव को नदी की लहरों, सागर के थपेड़ों, विपरीत दिशाओं की ओर से चलने वाली हवाओं से व भँवरों से बचाता हुआ सफलतापूर्वक सुरक्षित तट तक ले जाता है, उसी प्रकार से एक कुशल गृहिणी अपने परिवार रूपी नाव को अपने चातुर्य, शारीरिक बल, बुद्धि बल, मनोयोग, त्यागमय आदर्श, युक्तिपूर्ण उपायों तथा सहनशीलता से संसार के विपरीत एवं कठोर थपेड़ों और भँवरों से बचाती हुई किनारे तक ले जाती है।

गृहिणी परिवार की खुशहाली, सुखसमृद्धि व प्रतिष्ठा का केन्द्र होती है। बच्चों के व्यक्तित्व के विकास से लेकर, पति को प्रेम, प्रेरणा और शक्ति प्रदान करने तथा सास-ससुर आदि सदस्यों की देखभाल करने में गृहिणी का एक महत्त्वपूर्ण योगदान होता है।

एक गृहिणी के होने से ही कोई मकान एक घर का रूप लेता है। जीवन का केन्द्र घर होता है और घर का केन्द्र गृहिणी। एक कुशल गृहिणी से ही परिवार के विकास, सुख शान्ति की दिशा तय होती है।

प्रस्तुत पुस्तक में आधुनिक जीवन की धुरी के रूप मे नारी को प्रस्तुत किया गया है। वर्तमान समाज व्यवस्था में अपनी स्थिति को मजबूती से प्रस्तुत करने में नारियाँ आज सक्षम हैं। यह पुस्तक वर्तमान समय के नारियों को कुशल-गृहिणी के रूप में असाधारण एवं विलक्षण बनाने के लिए अत्यन्त उपयोगी उपाय सुझाने वाली अनूठी मार्गदर्शिका है।

www.ingramcontent.com/pod-product-compliance
Lightning Source LLC
Chambersburg PA
CBHW060518090426
42735CB00011B/2282
* 9 7 8 9 3 8 1 4 4 8 7 2 4 *